JN236262

2017.9、アンナ・セシリア加地[illegible]子[illegible]寄贈
聖ベネディクト女子修道院

聖ベネディクトゥス

危機に立つ教師

坂口昂吉

南窓社

聖ベネディクトゥス——危機に立つ教師　目次

序 …… 7
第一章 ローマ帝国の崩壊の原因 …… 11
第二章 修道制 …… 15
第三章 ベネディクトゥスの時代の政治情勢 …… 30
第四章 ベネディクトゥス——修道への道 …… 44
第五章 モンテ・カシーノ修道院 …… 69
第六章 ベネディクトゥスの『戒律』 …… 105
第七章 ベネディクトゥスの『戒律』における宗教的教育理念 …… 121
第八章 ベネディクトゥスの『戒律』における「分別」の理念 …… 141

目次

第九章　ベネディクトゥスの遺骨の移転……177
第十章　『戒律』の最も重要な写本……188
第十一章　『戒律』と『導師の戒律』……193
第十二章　ベネディクトゥスの『戒律』の普及……197
第十三章　『戒律』の勝利……215
第十四章　十三世紀より現代までの『戒律』の衰退と刷新……232
結……241
年譜と参考文献……244
あとがき……253
人名索引……260

装丁・装画／佐藤正敏

カバー画：佐藤正敏
「ベネディクトゥスの死」（アッティリオ・セルヴァ作、1953年、モンテ・カシーノ）のブロンズ像に、ベネディクトゥスに命ぜられるままに、毒入りのパンを取り除いた一羽の鳥を、奇跡のシンボルとして配した。

扉画：
「聖ベネディクトゥス」（13世紀、フレスコ画、サクロ・スペコ地下教会）。

聖ベネディクトゥス——危機に立つ教師

序

ヌルシアの聖ベネディクトゥスは、四八〇年頃生まれ、五五〇年頃没した。ちょうど、古代ローマ帝国が崩壊し、中世キリスト教世界が幕開く頃であり、高度の世俗文明から、宗教的禁欲への過度期であった。これはまさに現代に符合する時代ではないか。史上空前の発展をとげた近代文明が崩壊し、人類の滅亡か、未知の新しい世紀かいずれかに突入しようとしているのが現代だからである。

こう考えると、私はいつも思い出すのは、あるいかがわしい新興宗教にだまされた一青年の言葉である。彼は語る。「私は物質的発展と科学万能の時代は終わったと考えた。そしてこれからは宗教の時代であると思った。ここまでは正しかった。しかし宗教の世界に入ろうとして選択を間違えた。」 これが二十歳にみたない青年の言葉であろうか。あまりに優れた時代の洞察である。否、感受性の豊かな青年なればこそ、世紀のぬかるみに足をとられた年配者には見えない、現実の深い展望ができたのであろう。

この言葉を思い出す時、いつも私の念頭に浮かぶのは、雨後の竹の子のように簇生するいかがわしい新興宗教に、お株を奪われている伝統的宗教の責任である。若者の間に、否、一般大衆の中にめばえている宗教への渇望に、こたえようとしない既成宗教の沈滞である。このような時代にこそ、キリスト教をはじめ伝統的諸宗教は、人々の心に光を投じるように立ち上がるべきではないであろうか。この現代の危機と類似した状況にあったローマ帝国崩壊の嵐の中で、決然と立って解答を提供したのがベネディクトゥスなのである。

ベネディクトゥス。13世紀のモザイク画、ヴェネチアのサンマルコ教会。

聖アウグスティヌスは、ベネディクトゥスに先立つ百年ほど前に生きていた。彼の時代もすでにローマ帝国の末期にさしかかっていた。ここにも現代とある符合がみられる。私の近辺に二人のヨーロッパ人の青年が住んでいた。彼らはいずれも礼儀正しい立派な人物である。そして独身者である。だが彼らにはそれぞれ美しい同棲の婦人がいる。互いに愛し合っているのに結婚はしていないのである。結婚の絆を結ぶには、いろいろな手続きがいるからだそうである。また愛が冷めて別れる時も、結婚していると面倒な手続きをしなければならない。したがって彼らはその煩雑さを避けるために、同棲はしても結婚はしないのである。

ちなみにある時、フランスへ旅した同僚の一人が言った。「現代では産業革命以上に大きな変化が起きている。結婚がなくなってしまったのだ。」しかし歴史家としての私には、それは産業革命と較べられるほどの驚天動地の新事象とは思えない。アウグスティヌスの時代もまたその傾向があり、彼自身もそうであったからである。アウグスティヌスは『告白』の中で、回心以前における自分の罪深い生活を糾弾し、これから救い出してくれた神を讃えている。彼が告白する最大の罪とは、ある身分の低い女性との同棲だったのである。その女性との間にアデオダトゥスという息子までもうけた。そして彼女と別れたあとも、短期間ではあるが、別の女性と同棲している。アウグスティヌスはこれを大きな罪として、自らを責めている。しかしこれは、当時の社会一般の風潮として、決して大きな罪ではなかった。むしろすでに慣習化した一つの風俗にすぎなかった。

ローマ帝国末期の頽廃した社会の中で、結婚はわずらわしい重荷とみられていた。以前のように、結ばれた男女が共同で一つのくびきを負うという意味で、結婚を評価する健全な精神は失われていた。身分と財産と親族のつり合いを考えて縁を結び、しかも離婚に際してはそれ以上の面倒を要する結婚より、手軽な同棲でことを済ます方がよい、という考えが一般的であった。あるプロテスタントの教会史家は、当時の教会が同棲を承認していたとさえ言っている。もちろん同棲は、当時の教会会議の決定によって禁じられているから、それは極論にすぎない。しかし、同棲がキリスト教徒の中にまで深く浸透していたのは確かである。われわれはここにも、現代とローマ帝国崩壊期の類似を見いだすことができる。

しかも現代は、ローマ帝国の知らなかった機械と動力を持っていることを考えれば、危機の深刻さにおののかざるをえない。現在われわれを待っているものは、単なる巨大な帝国の崩壊だけではない。濫費による地上エネルギー資源の涸渇と環境破壊のために、地球と人類が破滅することである。この破局を避けるのは不可能であろうか。残されているのは、この破局の到来を、かつてベネディクトゥスが説いた修道制的禁欲に似た精神をもって、享楽を捨て消費を節約することにより、一日でも二日でも先延ばしするしかない。またたとえこの破滅が到来することがあろうとも、人類はこれを神への道として甘受し、互いに愛し合い、いたわり合いながら、迎えるべきなのである。

第一章　ローマ帝国の崩壊の原因

ベネディクトゥスの時代に、史上最大の強さと繁栄を誇ったローマ帝国は没落しつつあった。かつてエドワード・ギボンをはじめとする近代の歴史家たちは、その没落の原因を、ゲルマン系の蛮族の侵入による破壊と、キリスト教による宗教的な来世主義の浸透が生み出した現世の蔑視による、と論じた。しかし現在はそのような説は否定されている。西欧に侵入したゲルマン民族は、ローマの人口に較べれば、あまりにも少数であったし、その侵入も過激な破壊を伴うものではなく、むしろ融和的ですらあった。またキリスト教徒は、来世を重んじるゆえに禁欲的であったのは事実ではあるが、現世の文物を保存することにも熱心であり、やがてはそれを包み込んで新しい宗教的文化まで形成したのである。

むしろローマ帝国衰亡の原因は、帝国そのものとその文明の偉大さそれ自体にあった。このことはギボン自身も認めている。ローマは、ギリシアの都市国家を継承したが、無数の都市を建設したのみでなく、諸都市を属州に統合し、諸属州を管区に統合し、さらに四つの管区を帝国に統合して、巨大な都市国家連合帝国を建設した。各都市には神殿・公会場・劇場・闘技場・浴場など壮大な建造物があった。またこの各都市を互いに結ぶ道路網は、軍事・商業のために役立つと共に、帝国のすみずみまで延長され、その機動力を誇った。地中海には巨大な船舶群のための航路が整備されていた。また官僚制と軍団も完備していた。そしてローマが発展しつつあった間、これらの施設と装備と人員もまた絶えず拡大していった。

しかしローマが発展し尽くした時、それらすべての制度と構築物は、厖大な負担となり、税金となって民衆の上にのしかかったのである。ローマの中産階級の中核であった自営農民たちは、この重荷を移住により逃れようとしたため、かえって官憲によって土地にしばりつけられた。中・小の商工業者は、職業の変更を禁止され、重税を共同で負担するため、同業者の組合に強制的に加入させられた。地方都市の統治の中心となっていた下級貴族たちは、都市の租税徴収の責任を負わされたため、没落していった。中には逃亡して捕らえられ、都市に強制的に連れ戻される者すらあったのである。

ローマ帝国の衰退は、単に物的沈滞にとどまらなかった。精神的・道徳的頽廃もまた極度に進行していった。アウグスティヌス（三五四―四三〇）の『神の国』に記されている如く、公娼のみならず私娼も街に溢れていた。浴場と宴会の歓楽は尽きることを知らなかった。「汝自らを知れ」とは、「明日を知れぬ我が身を思い、現在一瞬の快楽に身を委ねよ」という意味で、宴の席に掲げられた標語であった。「パンとサーカス」すなわち人気とりをめざす政治家による、酒と食事の大盤振る舞いと、大衆への見せ物供与は、怠堕と下品な楽しみをあおるものであった。劇場と競技は人々を空虚な歓楽に追い立てていた。

特に剣奴（gradiator）による殺し合いの見せ物が人々の楽しみになっていた。それは古くは戦士追悼の儀式として行われたものであったが、共和制から帝政に進むにつれ、行われる頻度も人数も増え、ローマにおける残酷な楽しみの中心となった。哲人皇帝マルクス・アウレリウス（在位一六一―一八〇）の不肖の子、コンモドゥス帝（在位一八〇―一九二）はこの競技を見るのを特に好んだと言われる。ある日、闘技場に見慣れぬ装いをした剣奴が現れ、大活躍したのちに引き上げていった。これは皇帝自身の仮装の姿であったと言われる。この歓楽にのめり込んだコンモドゥス帝は、自らその競技を演じて見せたのである。

三一三年にキリスト教を公認したコンスタンティヌス帝（在位三〇六―三三七）は、その宗教にいささかでも忠実な証拠として、剣奴の試合を制限している。彼は犯罪者に対する罰のため、人を剣奴の身分に落として試合させてはならないと命じたが、なかなか実行されなかったらしい。そのよい例が、アウグスティヌスの『告白』の中にある。彼の親友であり、弟子でもあり、彼と共に洗礼を受けたアリュピウスの話である。アリュピウスはもともと剣奴の試合を見るのが何よりの楽しみであった。しかし受洗してキリスト教徒となった以上、これからは決してそのような残酷な見せ物を見ないことにしようと誓った。しかしある時友人に、その見物に誘われた。友情にもとることがあってはならないと考えたアリュピウスは、闘技場に行くことだけは承諾した。そして闘技の行われている間、固く眼を閉じて試合を見るまいとした。しかし闘技が頂点に達して剣奴の一人が倒れ、観客の中に異常な歓声がわき起こった。その途端、彼はかっと眼を開いた。そしてそれからは、観客の誰よりも大声でわめき続けたという。アウグスティヌスは、自己の道徳的力に対する過信の戒めとしてこれを語っている。

三九一年一月一日、聖テレマクスの殉教は、キリスト教が修道制の力を借りて、剣奴の試合を克服していった経過を象徴するものである。この日、ローマのコロセウムには常の如く大群衆が集まり、剣奴の試合を観戦していた。その時、東方から来た修道士テレマクスが両剣士の間に割って入り、殺し合いを止めさせた。しかし観戦の快楽を奪われた群衆は、異教徒はもちろんキリスト教徒まで心底からいきり立った。彼らはテレマクスに対して投石を行い、彼を殺してしまった。この事件があった後、剣奴の試合は次第に下火になっていったという。この話は、世俗的な歓楽に最高の価値を置く世界が、新しい精神的価値を求める時代へ移っていく姿をよく表していると言えるであろう。

第二章　修道制

修道制の起源

古代修道制の起源は、さまざまに説明される。第一は、グノーシス派の物心二元論に基づく極端な禁欲主義から生じたとする説明である。しかしグノーシス派の最盛期は紀元一世紀末から三世紀はじめにおかれる。したがって修道制が始まった三世紀末とは、時間的に隔たりがある。しかも修道制に属する人々は、グノーシス派の人々が唱えた、精神は善き神が創造し、物質や肉体は悪魔が創造した、というような二元論を奉じてはいなかった。また修道士たちは、人里離れた荒れ野に修道の場所を選んだとはいえ、都市の司教座を中心とする正統の教会に反抗するどころか、協力的ですらあって、異端者として教会に対抗したグノーシス派とは著しく異なっていたのである。

第二に修道制の始まりを、新プラトン派の精神一元論から発する禁欲主義とする見解もある。

確かに新プラトン派の主張する、精神を真の存在と見て、物質や肉体を仮象と見る思想が、キリスト教の歴史全体の中に深く根をおろしたのは事実である。そしてそれが、ことに修道制の発展に大きな影響を及ぼしたことも否定できない。肉は殺し、霊は生かすというキリスト教の原理において、肉とは肉体ないし物質であり、霊とは精神であるという誤った解釈をして、むちゃくちゃな禁欲に走った修道士も数知れなくいた。しかも、新プラトン派の始祖プロティヌス（二〇五—二七〇）や、ポルフュリウス（二三二—三〇五）の時代は、まさに修道制の起源と同じ頃なのである。しかし、修道制発展の過程で両者が接触しあったことは否定できないにしても、新プラトン派と修道制は、同じ精神から生じたものとは言えない。なぜなら修道制は、なによりも福音の教えから始まっており、新プラトン派はその神秘主義ですらも、恩寵による神の助けとは無関係な、人間自身の魂の観想から出発しているからである。またプロティヌスやポルフュリウスのキリスト教に対する批判的な態度も、キリスト教の精神から生まれた修道制との無縁を示すものといえよう。

第三に修道制の起源とされるものに、ユダヤ教のエッセネ派がある。これは紀元前二世紀に発生したユダヤ教の禁欲的党派である。彼らはローマ帝国の支配する世俗社会との妥協を拒否し、荒れ野で禁欲的団体生活を送り、終末における救い主の到来を期待していた。彼らの宗教的意味での脱社会と禁欲が、のちの修道制に類似しているのは事実である。しかし彼らの運動は、紀元二世紀にはすでに消滅しているし、その影響範囲もパレスティナを出ることはなかった。したがって三世紀に出現し、しかもエジプトを中心に広がったキリスト教の修道制は、ユダヤのエッセネ派の影響を受けたとは信じ難いのである。

修道制の具体的な開始は、三世紀中葉以降のエジプトとシリア地方で、熱心なキリスト教徒の一群が、都市生活を捨て、砂漠や荒れ野に移住し、修道生活を送りはじめたことによる。この移住の原因は、ローマ皇帝による全国的・組織的なキリスト教迫害のためとも言われる。実際二五〇年頃、デキウス帝（在位二四九―二五一）は、女性も子供も含むすべてのキリスト教徒に対し、「異教の神々に生贄を捧げよ」という勅令を発した。これは従来の偶発的・散発的なキリスト教迫害とは異なる、組織的かつ徹底した処置であった。この時、パウルスという十六歳の少年が、デキウス帝の迫害を避けてエジプトの山間部に逃れた。そして彼は、迫害の嵐が去った後にも荒れ野を離れず、孤独な修道者すなわち隠修士になったという。これはヒエロニムスにより、その書簡や『聖パウルス伝』の中で伝えられ、多くの伝説的尾鰭《おひれ》を除けば、骨格については事実とされている。

しかし修道制の起源を、そのように迫害を逃れるためというように、消極的な態度から説明するのは無理であると思われる。迫害を免れるために荒れ野に逃れた者が、修道生活を始めた場合がなかったとは言えないが、この運動がむしろ帝国によるキリスト教迫害終了後に、大発展を示していることから見ても、これを推進した原因は他に求めねばならないであろう。

修道制の起源について、具体的史実に沿って述べてみたいと思う。それはまず、東方のエジプトで始まり、シリアやメソポタミア地方へ広がり、さらに小アジアやギリシアを経てローマ帝国全体に伝わることになる。西方に伝わったものは、ベネディクトゥスによって、東方に始まったものより穏健に改革されて広まっていった。ベネディクトゥスが、自身の修道院のために『戒律』を起草し、修道制の確立に貢献した功績は大きい。それが後の修道院の発展に広く影響を与えたからである。

だがわれわれはまず、東方のエジプトで始まった修道制の創始者アントニウスを、また修道制の先駆者であるパコミウスとバシリウスをとりあげてみたい。

聖アントニウス

アントニウスの生涯は修道制を語る時、必ず注目されるものである。彼は二五〇年頃、下エジプトに生まれ、三五六年に没した。裕福な農民の出身である。聖アタナシウス（二九六—三七三）が著した『アントニウス伝』によると、彼は二六九年頃『マタイ福音書』一九章一六—二三節の、富んだ若者の話から感化を受けたという。すなわちキリストが、弟子にしてほしいという富裕な青年に、「財産を売って貧者に施してから自分について来なさい」と言ったという話である。アントニウスはこのキリストの言葉のままに、土地と財産をすべて貧者に施して孤独な修道生活に入った。二八五年頃から彼は墓地や荒廃した城郭や岩山にこもって修業をした。このような彼の下に、多数の崇敬者が集まって教導を受けた。三〇五年頃、彼はこの弟子たちを修道生活を行うように組織した。しかし組織したといっても、アントニウスの弟子たちは、荒れ野で単独の修道をする傾向が強かったので、隠修士と呼ばれた。すなわちギリシア語で monakos（単独者）、eremites（荒れ地の人）と言われ、ラテン語では同じ意味で monachus, eremita, anachoreta と呼ばれた。英語の monk, hermit, anachorite の語源である。彼らは導師を中心にさまざまな集団をつくって、口頭伝承により、荒れ野で授かった英知を伝達したのである。

このアントニウスの生涯で、修道制創立の原因を示す重要な事柄が二つある。第一は、彼がキリストの福音の完全な遵守をめざしたということである。それゆえに彼は全財産を放棄したのであった。第二は、彼が荒れ野を修道の場として選んだことである。彼の有名な言葉に「魚は陸にあがると死ぬ。修道士は都市ではその力を失う。わが山へ帰ろう」というのがある。この二点は修道制の起源を端的に示すものである。

三一三年、コンスタンティヌス帝によるミラノ勅令発布によってキリスト教が公認された後、遅くとも三二四年のリキニウス帝（在位三〇八―三二四）の廃位までには、異教徒によるキリスト教徒の迫害は完全に終わっていた。殉教の時代は去っていたのである。そしてキリスト教徒は異教的道徳・習慣・法制の雰囲気の濃厚に残存するローマ帝国の都市生活に深くつかっていた。キリスト教信者たちは、教皇・司教・司祭、および下級叙階を受けた聖職者からなる都市中心の聖職秩序（hierarchia）の教導に服し、その授与する秘跡を受領してさえいれば、救いへの道を全うできたのである。修道制創始者のアントニウスはこれに満足せず、このような微温湯につかったような信仰生活と、道徳的危険に満ちたローマ帝国の都市生活から敢然と身を脱したのであった。アントニウスは農民出身とはいわれているが、大農場主の家の出で、地方に農場を持ち都市で生活していた。彼はキリスト教的で完全な道徳生活を送るべく、ローマ帝国の都市から離れ荒れ野に赴いた。彼が創始した修道制は、宗教的な意味での脱社会運動であったのである。

聖パコミウス

アントニウスに次ぐ修道制の先駆者はパコミウスである。彼は二九二年、上エジプトに生まれ、三四六年に没した。彼の両親は異教徒であった。彼は軍役に従事したが、三一三年に退役した後受洗してキリスト教徒となった。そして隠修士パラエモンの霊的指導を受け、三二〇年頃自らナイル河沿いのテーバイド（Thebaid）近傍のタベンニシ（Tabennisi）に弟子を集めて修道院を建設した。彼の修道制は、アントニウスのめざした孤独な修道を旨とする隠修士とは異なり、共同生活を営むものであったので、共住修士、すなわちギリシア語で koinobiotes ラテン語で coenobita と呼ばれた。すなわち英語の cenobite の語源である。彼の修道院は、ギリシア語で monasterion, koinobion といわれたが mandra（小屋）とも呼ばれているように、その一つ一つは少人数のものであった。パコミウスはこのような小集団の修道院を男子のために十カ所、女子のために二カ所つくり、自らはその男子修道院の一つに住んで、総修道院長として十二の集団全体を統轄した。また彼はそれぞれの小修道院のために、共同生活の規範を起草した。したがってパコミウスは、はじめて共住の小集団連合体の修道院をつくったこと、また最初の女子修道院を創立したこと、さらにはじめて修道規律を書いたことで、のちの修道制の先駆者であったのである。

　この修道規律によると、修道士は各小修道院の長に無条件で服従し、厳しい修練をしなければならない。特に貞潔を守ることを要求された。私有財産を持つことは禁じられ、労働の義務を負った。その労働とは、むしろやかごを編むことなど手仕事が中心で、農耕を行うこともあった。ただ後の修道院とは異なり、入会の際に誓願をたてることはなく、また修道院に終身滞在する義務もなかったのである。

　最古の修道生活の特色は、その基本的目標すなわち『マタイ福音書』一九章二一節、「もし完全になりたいのなら、行って持ち物を売り払い、貧しい人々に施しなさい。そうすれば、天に富を積むことになる。それからわたしに従いなさい」という言葉に明瞭に表れている。そしてこの目標に達する手段は、厳格な禁欲によってあらゆる肉欲を殺すことであった。それは具体的には、まず世俗世界の故郷や縁者と完全に絶縁することであった。また一切の財産を放棄した。しばしば断食をし、徹夜をすることもあった。座って眠ることもあったという。苦行のための衣を身にまとい、鉄の鎖で自分を繋ぎ、木の十字架を身につけることもあった。清潔には意をとめず、特に入浴を避けた。これについては、ローマの都市では浴場が歓楽の場であったことを想起しなければならない。また女性を見ることも避け、性については絶対的な禁欲をめざした。このように厳格な禁欲は、荒れ野の修道者の心に種々の幻想を生み、悪魔・野獣・怪物・裸女などの幻が隠者たちの前に現れて彼らを襲った。彼らはこれらの幻影を悪魔の仕業と考え、修道士が完全な徳に達するのを妨げるものとしてこれと戦った。彼らはキリストの戦士としてこの幻想に打ち勝ち、平静な悟りの境地に入っていったのである。アントニウスが到達した妙なる静けさの世界はこの典型である。

聖バシリウス

ベネディクトゥスによって代表される西方修道制の先駆をなす東方修道制の代表者として、

アントニウスとパコミウスをあげたが、そのほかにぜひとも述べなければならない人物は、カエサレアのバシリウスである。彼は三三〇年頃生まれ、三七九年に没した。生地は黒海の南岸にあたるカッパドキアのカエサレアである。両親ともキリスト教徒であった。父は修辞学者であり法律家でもあった。バシリウスははじめカエサレアで学び、ついでコンスタンティノポリスへ出て教育を受け、さらにアテナイで勉学した。彼はここで当時の最高の教養を身につけたのである。カエサレアに帰郷してからは、修辞学者として活躍した。しかしその後まもなく、彼は世俗の生活を捨て、神に向かって専心する決心をした。まず洗礼の秘跡を受け、修道制発祥の地エジプトと、早くからその影響を受けた地シリア、メソポタミアを遍歴した。これらの地で有名な修道者たちに出会うためであった。彼らの祈りと禁欲の生活はバシリウスを魅了した。これらの修道者たちは今一時的に地上に寄留しているが、真の故郷は天上にあるかの如くであった。旅から帰ったバシリウスは三五八年、ネオカエサレア近傍に、ナジアンズスの聖グレゴリウス（三二九—三八九）と共に共住修道院を創立した。彼はこの修道院のために二つの修道戒律を書いた。その後、彼は三六四年に司祭となり、三七〇年にはカエサレアの司教となった。彼は正統な教会の教えの護持に努め、その頃広まっていたアリウス派異端をしりぞけた人として知られている。またギリシア典礼の創始者として、さらには東方修道制の確立者としてMagnus（大）の称号を受けた。

バシリウスの『修道戒律』（*Regula Sancti Basilii*）は、三五八年から三六四年にかけて彼が起草したものであり、現在に至るまで東方で一般的に用いられている。それは五十五項目からなる『大戒律』（*Regulae fusius tractatae*）と、三百十三項目からなる『小戒律』（*Regulae brevius tractatae*）で構成されているが、いずれも問答形式で書かれている。内容は厳格ではあるけれども、それ以前の東方の修道者たちの極端な禁欲を避けている。禁欲を神に対する完全な奉仕のための手段と考え、共同生活の中での従順によって達成すべきものとする。典礼的祈りの時間が定められ、肉体的・精神的労働が一連の義務として課せられている。さらに清貧と貞潔も、のちの西方の修道戒律に似た穏健さをもって定められている。このような意味で、バシリウスの修道戒律は、後の西方のベネディクトゥスの修道戒律の先駆として重要である。なおバシリウスの戒律では、修道院と近隣の社会生活との関係を重視している点に特色がある。それによれば、修道院は、孤児院・貧者の扶助・職業訓練・児童教育の場という性格をそなえている。特に修道院学校は、必ずしも修道志願者のみを対象とせず、ここで教育された子供たちの中から、修道生活に適する者のみを修道院に残し、その他の者は教育を与えた後、世俗の社会に返したのである。

東方修道制の発展と危機

三世紀末に始まった修道制は、四世紀になってエジプトで大発展した。三三〇年頃から下エジプトのニトリア山中にあったアントニウス風の隠修士の入植地は、三九〇年には、人口五千人に達した。その中には政府の徴税や兵役を逃れてきた民衆も加わり、一種の社会問題にもなっている。ウァレンス帝（在位三六四―三七八）はこれらの逃亡者に対して威嚇を行ったが、効果がなかったといわれる。パコミウスの共住修道制においても、三九〇年頃エジプト全土で七千人もの修道者があったという。

エジプトについで、修道制はシリアとメソポタミア地方に広がった。パレスティナでは、聖地巡礼の増加と共に修道者の数が激増した。ギリシア語圏では、アタナシウスが『アントニウス伝』を著して以来、修道者の数が増加し、バシリウスによる修道制の発展をみたのは前述の通りである。

しかしこの修道制の急速な発展は、在俗聖職者と修道者との衝突という、後世にもみられる事態を引き起こした。在俗聖職者とは、教皇・司教・司祭を含む、都市を中心に司牧する聖職者で、その分担する地域すなわち教区を持ち、そこの信者たちに秘跡を授与し、説教をして教え導く者である。彼らの聖職秩序（hierarchia）は、修道制の始まる前にすでに確立していた。それはまた新興の修道者と二つの点で摩擦をおこす危険があった。一つは双方とも信者の教導にかかわることである。もう一つは双方とも優れた道徳生活をめざすことである。それゆえ両者は一種の競争関係に陥る危険があったのである。

三四〇年頃、ガングラの教会会議は、ポントゥスのセバステの司教であり、修道制の組織者であったエウスタティウス（三〇〇―三七七）の弟子たちを断罪した。その理由は彼らが在俗聖職者の結婚と財産所有を非難したり、教会の典礼を無視したりしたからであった。

一方、修道制と密接に結びついた異端もこの頃発生している。それはメッサリアーニまたはエウキタイ（祈る民）と呼ばれ、四世紀中葉にメソポタミアで発生したものである。この異端は、人間は生まれた時から悪魔を宿しており、絶えざる祈りのみがこれを駆逐できる、という説をとなえた。四三一年エフェゾスの公会議は、これを断罪した。

一般に修道士は安定した組織がなく、流浪する生活を送り、社会から反感を招くことが多かったが、特に在俗司祭たちの反撥は激しかった。そのため四五一年カルケドンの公会議は、修道士を教会制度の中に編入することをめざし、彼らを司教座の監督下におき、終生の修道誓願をたてさせるよう決議している。

修道士の中には、異端でもなく、教会当局者と衝突したわけでもなく、その祖師は聖人でありながら、禁欲の過激さが常軌を逸している人々もあった。五世紀にシリアに現れた聖シメオン（三九〇―四五九）とその弟子たちで、柱頭修道士といわれる。シメオンはキリキアとシリアの境に生まれ、四一三年隠修士の生活に入り、エウセボナとテロニッソスで修業した。彼は四十日間も洞窟の中で鉄の鎖に右足をつないで過ごしたり、庭に穴を掘って夏の間毎日そこに身を埋め、頭だけ出して過ごしたりした。そして、四二三年以後は、柱に登りその上で三十年間も過ごした。その柱の高さははじめは四クビタ（一クビタ約五十センチ）であったが、だんだんに高くなり、後には実に四十クビタすなわち約二十メートルにまで達したという。しかも彼が鉄鎖で身をつないだその柱頭はわずか三クビタすなわち一・五メートル平方の板の上であった。彼はこの柱の上で平伏して祈っていた。「彼は天上と地上の中間に立って神との交わりを保ち、神への使者として祈りを捧げた」と書かれている。この柱の下には、常に彼を崇敬する大群衆がつめかけ、彼は、皇帝・諸王の表敬も受け、四五一年カルケドンの公会議は、彼に神学上の意見をたずねたこともあった。しかしこのような祈りと禁欲の離れ業は、シメオンのような聖人においてのみできることであって、彼を模倣した多くの柱頭修道士たちが現れたが、そのスタンドプレイは単なる異常としか見られない者も多かった。それは修道制の健全な発達を危険に陥れるものであった。

四世紀後半より、学問のある修道士が独自の修道文学を成立させた。修道士の伝記、道徳的論文、金言集などが書かれ、修道制の発展に役立った。代表的な東方修道士に、エウァグリウス・ポンティクス（三四六―三九九）、アンキラの聖ニルス（四三〇没）、ニュッサの聖グレゴリウス（三九四没）、マカリウス・マグヌス（三〇〇―三九〇）などがいる。

修道制の西方への流入

東方に起源をもつ修道制は、三七〇年以降西方へ流入していった。これにはアタナシウスの『アントニウス伝』のラテン語訳が大きな影響をおよぼした。この時代には、ローマで聖ヒエロニムス（三四二―四二〇）、ミラノで聖アンブロシウス（三三九―三九七）、北アフリカのヒッポで聖アウグスティヌス（三五四―四三〇）、ガリアでトゥールの聖マルティヌス（三一六―三九七）、マルセイユでカシアヌス（三六〇―四三五）、アルルで聖カエサリウス（四七〇―五四二）など古代キリスト教を代表する人物が輩出している。この後、東方の砂漠や荒れ野に代わって、西欧の南ガリア（レラン島が特に有名）、イタリア、ダルマティアの海岸沿いの島などが修道の場所を提供するようになる。

当初修道制は、西欧で激しい反対にあった。ローマでは、ヨウィニアヌス（四〇六以前没）が自ら禁欲者であったにもかかわらず、過度の禁欲に反対した。彼は、独身が結婚より高い生き方であることや、節食が感謝をもって食べることより優れているということを否定した。また、天国の報いの大きさが、地上における生活のしかたにより違いがあるという考えも否定した。貞潔の度合いの違いにより、処女は寡婦よりも、寡婦は人妻より大きな報いを受けるとか、また同じ理由で修道士は司祭より、司祭は平信徒より天国で上位を占める、と説く考えを拒否したのである。彼はまた、聖母マリアが終生処女であったという教えも否定した。そのため彼は教皇シリキウス（在位三八四—三九九）により断罪され、ミラノの司教アンブロシウスにも弾劾された。ガリアの司祭ウィギランティウス（三七〇頃—四〇六頃）もまた、過度の禁欲主義に反対した。ヒエロニムスはヨウィニアヌス、ウィギランティウスの両者に反論をしている。

このような衝突の事例は、西方における修道士の禁欲主義に対する一般の反対の激しさを示すもので、ベネディクトゥスが西方修道制を確立するにあたっては、このような困難を乗り越えなければならなかったのである。

第三章　ベネディクトゥスの時代の政治情勢

西ローマ帝国の滅亡とゲルマン民族の大移動

ベネディクトゥスは、四八〇年頃生まれ、五五〇年頃没したといわれる。没年についてはさらにつめると五四七年ともいわれる。この没年決定の根拠となるのは、ベネディクトゥスが東ゴート王トティラの訪問を受けたという事実である。これは教皇グレゴリウス一世（マグヌス）の書いた『対話篇』二巻の一四―一五章にある記述である。トティラは五五二年に死んだが、この訪問を五四二年に行ったと推定されている。この事実を基礎にして、ベネディクトゥスの没年は五四七年から五五〇年頃と推定されるのである。そしてまた、これから逆算して、彼の誕生は四八〇年頃とされるのである。

この時代は、新興のゲルマン諸民族が、衰退しゆくローマ帝国の領内へ大移動を起こした頃である。まず三七五年、西ゴート族がドナウ河を越えてローマ帝国領内に入り、西進してイベリア半島に至り、四一五年に西ゴート王国を建てた。またヴァンダル族はイベリア半島を通過して、四二九年北アフリカに王国を建てた。さらにフランスにはフランク族が、ライン河東岸から西進して、四八一年フランク王国を、フランス東南部からスイス西部にかけては、ブルグンド族が侵入して、四四三年ブルグンド王国を建てた。ブリタニアすなわちイングランドでも、アングル族・サクソン族が侵入して四四九年頃、アングロ・サクソン七王国が建てられていた。

では、ベネディクトゥスの活躍した土地イタリアでは、事情はどうであったろうか。ローマ帝国は三九五年に恒久的に東西に分裂したが、そのあと東ローマ帝国に対しても、西ローマ帝国に対しても中心部に幾度か諸蛮族の侵入の波が襲った。ローマは四一〇年、西ゴート族の王アラリックによって占領され掠奪された。実に九百年間栄えた永遠の都ローマが、短期間とはいえ外敵の手中に落ちたのである。

この報せを受けたヒエロニムスは、「全世界を征服した都市が征服された」（『プリンキピア宛書簡』）と嘆き、また「全世界の燈明が消え、ローマ帝国はその頭を失い、全世界は一つの都市と共に滅んだ」（『エゼキエル書註解』）とまで悲しんだ。さらにこの時、アウグスティヌスは、この永遠の都ローマの陥落を、伝統的なギリシア・ローマの神々を捨ててキリスト教を採用したため、とする異教徒に反論して、『神の国』の筆をとったのである。

西ローマ帝国はまた四五二年、アジア系遊牧民族のフン族によって攻撃を受けた。首都ロー

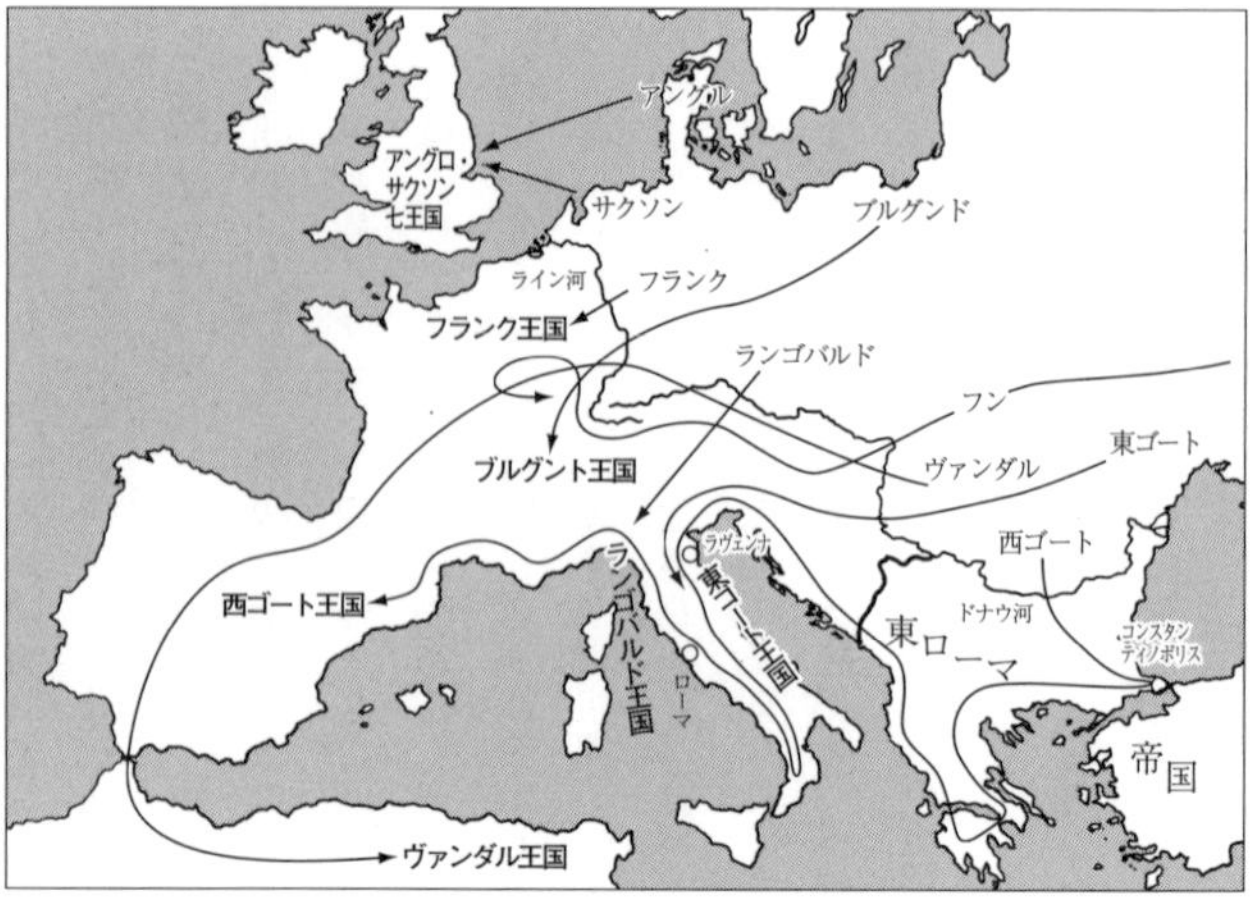

ゲルマン民族大移動

マに迫るフン族の王アッティラを、この時の教皇レオ一世（在位四四〇―四六一）は、宗教的威厳により説得して去らせた。レオ一世は四五五年にも、北アフリカから発してローマ市を攻撃してきたヴァンダル族の王ガイセリックを、説得により退去させている。この事例にみられるように、西ローマ皇帝の威信が低下する一方で、教皇の宗教的権威が次第に上昇しつつあった。教皇はキリストが聖ペトロに授けた天国の鍵の権を持つ、という教説を初めて説いたのは実にレオ一世その人である。

　西ゴート族・フン族・ヴァンダル族の相次ぐ侵入が去ったあと、西ローマ皇帝は、ゲルマン民族出身の傭兵隊長たちの意のままに廃立されるに至った。そしてベネディクトゥス誕生の少し前の四七六年、皇帝ロムルス・アウグストゥルスは、ゲルマン民族の一派であるスキリ族の族長で、ローマ軍の傭兵隊長であったオドアケルによって廃位され、ここに西ローマ帝国は滅亡したのである。

この頃には、ローマ帝国は、ビザンティウムすなわちコンスタンティノポリスを首都とするビザンツ帝国、すなわち東ローマ皇帝の支配地を除いて、ほとんど全域にわたってゲルマン民族の諸王国の支配するところとなっていた。これらの諸王国の王たちは、イングランドを除き、すべて東ローマ皇帝の主権を認め、その臣下として統治していたが、ほとんど独立した君主に近い権限を持っていた。オドアケルもまた東ローマ皇帝からパトリキウスという官位を受けてイタリアを統治したのである。

しかし彼の支配も長くは続かなかった。バルカン地方に勢力を持っていた東ゴート族がイタリアに侵入してきたからである。東ローマ皇帝ゼノンが、自己の領内に勢力を持つ東ゴート族を嫌い、その族長テオドリック（在位四七四―五二六）をそそのかしてイタリア攻略にかりたてたのである。オドアケルは二回にわたってこれと戦ったが敗れ、四九〇年ラヴェンナに立てこもり、三年の間包囲に耐えた。だがその間にテオドリックはイタリア全域を征服してしまった。東ゴート族は異端のアリウス派キリスト教徒であったが、教皇を頂点とする正統派教会の協力と、ローマの元老院の助力を得ていた。これはテオドリックが、東ローマ皇帝の公の委任を受けていたために可能であったといえよう。四九三年、テオドリックは追いつめたオドアケルと和議を結び、ラヴェンナに入城した。イタリアは二人の王によって共同統治される、という約束であった。しかし新体制を祝う宴会の席上、テオドリックとその配下の者たちは、オドアケルとその息子および従者たちをすべて殺害してしまったのである。

この後五二六年のテオドリックの死まで、イタリアは比較的平穏な時代を迎える。これはベネディクトゥスの少年期から壮年期までにあたる、と言ってよいであろう。しかしテオドリックの死後、イタリアは政情不安定であった。だがそれ以上の動乱が、東ローマ皇帝ユスティニアヌスによる帝国領土奪回の戦いをもって始まる。

東ゴート王国とテオドリック

テオドリックは、東ローマ皇帝よりやはりパトリキウスという官位を受け、イタリアを統治したが、通常は王と呼ばれた。東ゴート王国の成立である。それはイタリア全土とアドリア海の東沿岸を含んでいた。彼は武官には東ゴート人を用いたが、文官にはローマ人を採用し、両者の融和をはかった。彼はまた、ローマの官制を維持し、元老院と協調し、ローマ人の好む見せ物や競技を奨励した。さらに彼は輸入貿易により穀物の供給を確保し、諸都市の建築物を維持修復しその美観を保存することにさえ配慮したという。そのうえ彼は学問を保護したので、この時期には、エンノディウス（四七三―五二一）、ボエティウス（四八〇―五二四）、カッシオドルス（四八五頃―五八〇頃）、ウェナンティウス・フォルトゥナトゥス（五三〇頃―六一〇頃）などの著名な学者たちが輩出している。東ゴート・ルネサンスまたはカリキュラム・オーサーズ（教育課程起草者）の時代とよばれるほどである。

東ゴート族は、アリウス派であった。このキリスト教の異端は、正統派の奉じる神の三位一体を否定する。三位一体とは、神が分割しえない同一の実体、いわば同一の体を持ちながら、父、子なるキリスト、聖霊という三つの位格、いわば三つの顔を持っているとする教えで、正統派キリスト教の重要な教義の一つである。アリウス派はこの点について正統な教義とは異なる考えを述べた。すなわち父なる神が、子なるキリストと同一実体いわば同一の体を持たないとした。アリウス派によれば、父が永遠なる創造者であるのに反し、子なるキリストは時間のうちに父によってつくり出された被造物であるから、父と同一実体ではないのである。この神学的見解の違いは、正統派（カトリック）とアリウス派の間に教会組織の争奪をめぐる政治的な争いを生み出していた。アリウス主義に対決して正統な三位一体論を護持する態度は、ベネディクトゥスの『戒律』の中にも読みとることができる。

テオドリック自身は、アリウス派でありながら、教会に対立する姿勢は見せていなかった。また教会側も、東ゴート族のアリウス主義に抗議しなかった。その理由は、東ローマ帝国の宮廷内で、当時アリウス主義とは異なるが、やはり異端である単性論が勢力を得ていたことに関係があるといえよう。その異端は、キリストは神としての唯一の位格を持つのみでなく、神性という唯一の本性のみを持つと主張する、いわばキリストは神としての顔と神としての性質しか持たないとするものである。これに対し、正統教会は、キリストは唯一の位格いわば一つの顔しか持たないが、本性いわば性質については、神性と人間性という二つのものを持っている、と主張するのである。

当時のイタリアの教会は、東ゴート族のアリウス派に対決しても、教説は異なるとはいえ同じく異端に属する単性論の横行する東ローマ帝国の宮廷から支持を得られないと考えた。そしてこのような政治的事情の故に、イタリアの教会は東ゴート族のアリウス主義と対決することを避けたのである。一方テオドリックは自らはアリウス派に属しながらも、イタリアのローマ人の心をとらえるために、正統の教会を迫害するどころかむしろ保護する行動をとっていたのである。

四九八年十一月、教皇アナスタシウス二世の死後、多数の支持を得て助祭のシンマクスが新教皇に選出された。ところが同じ日に、元老院の首領フェストゥスを中心とする、東ローマの宮廷と通じた人々が、司祭長ラウレンティウスを対立教皇に選出した。フェストゥスは、ラウレンティウスを教皇にすることにより、アカキウス教会分裂を解消しようと試みたのであった。アカキウス教会分裂とは、四八二年から五一九年にかけて生じたローマ教皇座とコンスタンティノポリス総大司教座との分裂のことである。その分裂は、総大司教アカキウスが主として起草し、皇帝ゼノンが発布した単性論に妥協的な教書『ヘノティコン』を、ローマ教皇が認めなかったところから生じたものである。シンマクス支持者もラウレンティウス支持者も、共にラヴェンナにいたテオドリックに支持を求めた。ところがテオドリックは、自らはアリウス派異端に属しているのに、東ローマ宮廷の中で有力である単性論異端に近いラウレンティウスを排して、正統な立場を厳守するシンマクス支持を表明したのである。このように統治のはじめ頃のテオドリックは、正統教会に好意的であった。

しかし統治の終わり頃になると情勢は変化した。東ローマ皇帝ユスティヌス一世（在位五一八—五二七）は、五二三年、帝国全土にアリウス派異端を禁止した。この禁令がイタリアまで及べば、テオドリックの統治は覆されるおそれがあった。北方では、四九六年に正統派のキリスト教に改宗したフランク族の王国が、五〇七年ヴーヴィルの戦いで、アリウス派の西ゴート族を打ち破った。このことはアリウス派のテオドリックにとっては、自分の統治するイタリアへの波及を恐れる要素となったであろう。

このような情勢の中で、「最後のローマ人」といわれる傑出した元老院議員であったボエティウス（四八〇—五二四）が、東ローマ帝国と内通したというかどで、パヴィアの牢獄へ入れられた。彼はその獄中生活の中で、後の有名な著作『哲学の慰め』を書いたのであるが、五二四年に処刑された。ボエティウスは西欧文明にアリストテレス論理学を伝えた人であり、また三位一体論を中心とした正統神学の理論的裏づけを与えた人物であった。

東ゴート王国の内紛と皇帝ユスティニアヌス

テオドリックの晩年には、ローマ人と東ゴート族、正統なキリスト教とアリウス派の対立が意識されるようになり、東ゴート族内部の緊張も高まりはじめた。テオドリックには息子がなかった。そこで彼は娘アマラスンタの夫エウタリックを後継者に指名していたが、エウタリックはテオドリックより先に死んでしまった。そこでテオドリックは孫のアタラリックを後継者とし、その母アマラスンタを摂政とした。

テオドリックは、五二六年に没した。東ゴート族は、テオドリックの定めた女性による摂政制を一応は認めたが、アマラスンタには、東ゴート族から見て二つの不満があった。第一は彼女があまりにもローマ的な教育を受けていることであった。そして第二に彼女の政策がローマ的でありすぎた。そこで東ゴート族の有力者たちは、幼王アタラリックを彼の母であり摂政であるアマラスンタの手から取り上げ、完全に東ゴート的な教育を授けることにした。ところがアタラリックは母に先だって五三四年に死んでしまった。アマラスンタは、父の甥にあたるテオダハドと再婚し、夫との共同統治を企てた。ところが、テオダハドは親東ゴート派の人々にくみして彼女を投獄した。さらに彼女が東ローマ皇帝ユスティニアヌスに救いを求めると、彼女を殺してしまったのである。

ユスティニアヌス帝（在位五二七—五六五）は、この東ゴートの王位継承の混乱に乗じ、アリウス派異端を弾圧し、イタリアを皇帝の直接統治下に入れようと介入した。五三四年、東ローマ皇帝軍すなわちビザンツ軍は、将軍ベリサリウスの指揮下に、まず北アフリカのヴァンダル王国を滅ぼし、ついで五三五年シチリアを占領し、さらに北上してナポリを、ついでローマを占拠した。この間に無能な王テオダハドは廃位され、同じ東ゴートの貴族ウィティギスが、選出されて王となった。ウィティギスは、ローマを奪回すべく一年にわたって包囲したが、成功しなかった。この間にビザンツ軍の他の一隊が北イタリアに侵攻し、ミラノを占領した。状況は東ゴート族にとって絶望的であった。しかし、ベリサリウスのあまりの成功に危惧の念をいだいたユスティニアヌス帝は、彼を監視するために、宦官ナルセスを第二のビザンツ軍指揮官としてイタリアに送った。この両将軍同士の反目に乗じて、東ゴート族はミラノを奪回した。五三九年、ナルセスは故国へ召還されたが、ベリサリウスは単独で東ゴート族を攻めたて五四〇年五月までに降伏に追い込んだ。

しかし、ユスティニアヌス帝は当時、帝国の東南にササン朝ペルシアとの戦いをかかえていたので、東ゴート族とは妥協して、ポー河以北の地の保有を認めようとした。ベリサリウスはこれを拒否し、東ゴート王国の徹底的壊滅を望んだ。そこで東ゴート族は、ベリサリウスに秘密裡に書簡を送り、彼を皇帝に推戴し、その忠実な臣下となるという申し出をした。ベリサリウスはこれに同意したらしい。まもなく彼は東ゴートの首都ラヴェンナを攻略し、そこにあった金庫と共に、ウィティギス王とその配下の貴族たちを捕らえて、イタリアを去って行った。

その後東ゴート族は、なおも新しい王をたてて抵抗をつづけたが、東ローマ帝国もこれに充分な対応をすることができなかった。北アフリカとイタリアで、すでに厖大な戦費を費やしていた上に、東南にササン朝ペルシアの脅威があったからである。東ゴート側では幾人かの弱小な王の後、五四一年に有能な指揮官トティラが、有力な王となった。彼はビザンツ軍を撃破し、再び派遣されてきたベリサリウスと戦うことになった。五四二年頃、彼が軍隊を率いて進軍していた時、モンテ・カシーノ修道院の近くを通った。この時この修道院にいたベネディクトゥスと面会したのである。五四四年、ベリサリウスのイタリア到着はビザンツ軍にとって有利に働くと思われたが、東ローマ帝国からの支援は少なかった。しかもイタリア属州の人々は度重なる戦費のために重い税金を課されていたので、彼らの心はビザンツ側を離れていた。東ゴート軍はイタリア半島を北から南へと進軍した。そしてトティラは五四五年から五四六年にかけてローマを包囲し、ついに占領したのである。この包囲と占領は、かつて五三七年のウィティギスの包囲の時に加えて、ローマ市の人口を激減させたと推測される。しかし東ゴート族はローマ市を保持できず、すぐベリサリウスに圧迫されて、翌年ローマはビザンツ軍に取り返された。ベリサリウスは、ローマ市に防備を施し軍備を補充しようとしたが、彼の要求は皇帝に容れられず、五四八年帰国をよぎなくされた。

五五〇年、トティラは再びローマを占領し、ついでシチリアへ侵入した。この再発した東ゴート族の脅威に直面したユスティニアヌス帝は、ナルセスの指揮下に充分な装備を持った大軍をイタリアへ送った。その中にはランゴバルド族やヘリウリ族などのゲルマン人が多数含まれていたという。五五二年、東ゴート軍とビザンツ軍は、アペニン山脈の中のタギナエで対戦した。この戦いでナルセスは勝利し、トティラは戦死したのである。これをもって東ゴート族の組織的抵抗は終わった。ビザンツ軍は東ゴート族の手中にあった都市を一つ一つ回収していったが、この作戦も五六二年にはすべて終了したのである。

これが、ユスティニアヌス帝の偉大な再征服運動のイタリアにおける戦いの主要な部分であった。彼はイベリア半島の南部の地も、五五一年に西ゴート王国から奪回している。この再征服は短期に終わったとはいえ、地中海全域におけるローマ帝国の支配を回復した偉業である。イタリアにはこの後まもなく五六八年に、ランゴバルド族のアルボインが侵入してきて、ランゴバルド王国を立てた。東ローマ皇帝の権威はラヴェンナとローマでは保たれたが、イタリアの他の地域はこの新しいゲルマンの貴族たちの支配するところとなったのである。ベネディクトゥスの晩年は、このような騒乱の中に過ごされたのである。

ベネディクトゥスの生涯の背景

ベネディクトゥスの生涯を描くためには、これ以上の時代の概要を述べる必要はないであろう。彼は確かにローマ帝国の中に生まれて、その遺産を継承したのである。しかし、彼の生涯は、決して平和なものではなく、戦争と混乱に囲まれた中で過ごされたのであった。彼は西ローマ帝国滅亡の直後、スキリ族オドアケルの統治下で生まれ、東ゴート族のテオドリックがオドアケルを敗って、その地位に取って代わるのを見た。彼の若い頃は、ローマの文化的伝統が保たれた安定した時代であったが、晩年にはテオドリックの死後の混乱や、ウィティギスとトティラのような、東ゴート族の軍事指導者と東ローマの将軍たちとの破壊的な戦いを見たのである。彼が後半生を生きたイタリアは、まさにその壮絶な戦場であった。

当時の諸記録の中にはゆううつな雰囲気がただよっている。イタリアはあまりに災難を受けたので、その住民たちは支配者に絶望していた。ベネディクトゥス自身にもこの影響をみることができる。教皇グレゴリウス一世の書いた、ベネディクトゥスの伝記である『対話篇』の中にも、ベネディクトゥスがローマ市の完全な荒廃を予言したこと、またランゴバルド族によって自分の修道院が掠奪されることを予知して、嘆いている姿が描かれている。

しかし、ベネディクトゥスの生活は、その時代の世俗的環境には影響されてはいない。彼は生涯の間にたびたび居住地を変えているが、その生活は戦争や政争に巻き込まれたり、妨げられることはなかった。彼の暮らしたヌルシア、ローマ、エフィデ、スビアコ、モンテ・カシーノでは、彼の霊的な冒険は、全く平和に進行し、内的な闘いのみに終始したかに見える。しかし、彼は荒廃した国土の上を荒れ狂う戦乱をじっと見据えつつ、現世を超える修道の道をひたすら歩んでいったのである。

第四章　ベネディクトゥス——修道への道

ベネディクトゥスに関する史料

ヌルシアのベネディクトゥスの生涯と業績に関する史料は、五九三年頃書かれた、教皇グレゴリウス一世（マグヌス、五四〇—六〇四、在位五九〇—六〇四）の『対話篇』二巻全体、すなわち序と一章から三八章まで、および三巻一六章と四巻八章・九章に収められている伝記と、ベネディクトゥス自身の作である『戒律』の二つだけである。ほかにベネディクトゥスに関する後代の諸伝記、詩、彼の作とされる書簡集や説教集などがあるが、いずれも信用するに足りないものである。

教皇グレゴリウス一世の書いた伝記についても、それがベネディクトゥスの生涯を客観的に記録したものではなく、宗教的教化のための奇跡物語として描かれているため、その逸話の史実性を否定する学者も少なくない。けれども、グレゴリウスがこの伝記を、教化のために書いたとはいえ、できる限り事実に則して記したことは疑いない。彼はその執筆当時ローマの教皇であり、約四十五年ほど前に、ローマからわずか八十マイルほどしか離れていないモンテ・カシーノにいた有名な修道院長について、情報を得るには絶好のところにいた。しかも彼はベネディクトゥスを個人的に知っていたホノラトゥスをはじめ、多くの証人から聞いた事実をもとにして、この伝記を書いたのである。

故郷ヌルシア

ベネディクトゥスは、四八〇年頃ウムブリアのヌルシアに生まれた。ヌルシアの町は、大きくもなく有名でもなかったが、古い伝統と歴史を持っていた。ローマに帰属する前は、サビーニ人の町であった。ウェルギリウス（前七〇―一九）は『アエネイス』七巻七一五章で、「寒いヌルシア」と語っている。またプルタルコス（四六―一二〇）の『英雄伝』には、軍事的な才能に秀でたセルトリウスの出身地としてヌルシアをあげている。さらにスエトニウス（六九頃―一四〇頃）の『ローマ皇帝伝』二巻一二章によると、ヌルシアの町は、アントニウスの側について、アウグストゥスとのムティナの戦い（前四三）で敗れた時、その戦死者たちを記念して、「彼らは自由のために倒れた」と記した碑を建てたという。

ヌルシアは、アペニン山脈の奥深く、山に食い込んだ峡谷にあったが、フラミニア街道から十六マイルしか離れていなかったために、戦いの時も平和の時も歴史の中に深くかかわっていたのである。なお、興味深いのは、中世末からルネサンスにかけて、ヌルシアは魔女の巣窟と化したことである。西方修道制の創始者の出身地が魔女の巣窟になるとは！　これも歴史の気まぐれであろうか。

ベネディクトゥスが生まれた当時のヌルシアは、ひなびた司教座のある町で、純朴なキリスト教的雰囲気があった。他のローマの大都会のような、歓楽に溢れた町とは対照的であった。教皇グレゴリウス一世の書いている、「古きヌルシア」という呼び名にも、このような響きがある。ベネディクトゥスは、幼い頃のこの環境から得たものを、生涯大切に持ち続けたのである。

彼は上流階級に生まれたと記されている。この言葉から、また彼がローマへ修学のために送られていることから、彼の家は単に裕福な市民というだけではなく、市の参事会士の身分、すなわち下級貴族

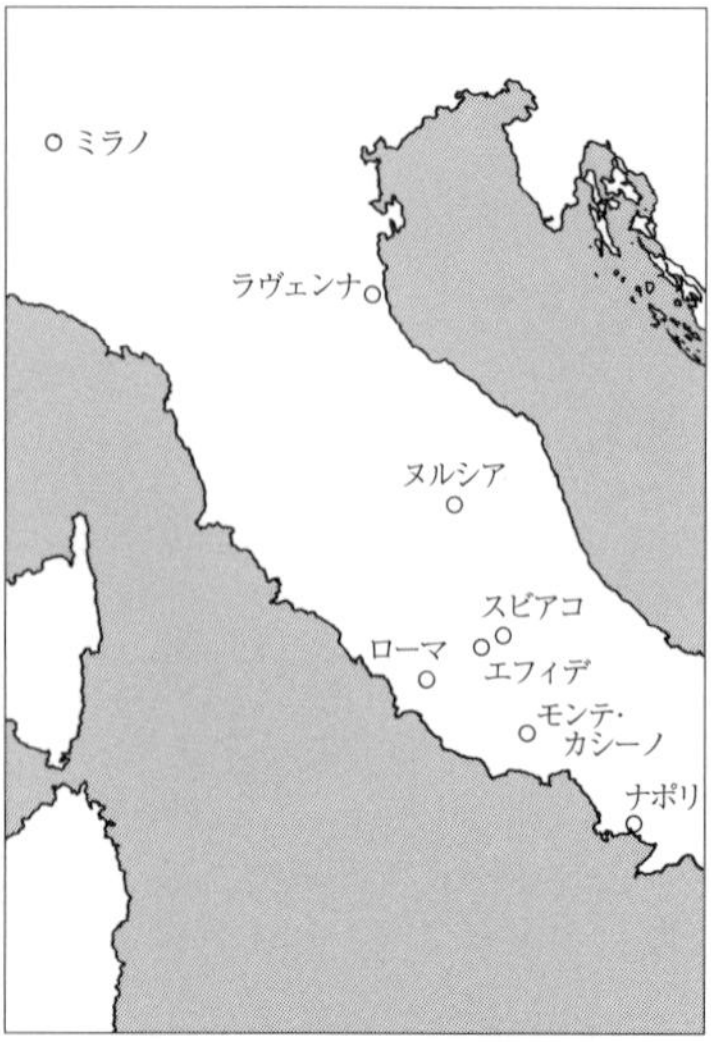

ベネディクトゥス故地

に属していたと推定される。彼の生家の中で、知りうるのは二人の人物だけである。姉妹のスコラスティカと乳母である。スコラスティカは、単に血縁というだけでなく、修道女となって生涯ベネディクトゥスの霊的姉妹でもあった。彼女は晩年にはヌルシアを去って、モンテ・カシーノに近いところの修道院で暮らしていた。これは、モンテ・カシーノの山麓から三マイルほどのところにあるプルムバリオラと推定されている。乳母の方は『対話篇』二巻一章の中に突然登場し、また消えてしまう。彼女は、ベネディクトゥスのローマでの修業時代から、エフィデ在住の頃まで彼に従い、彼を敬愛していた。ベネディクトゥスが行った最初の奇跡は、彼女のためだったのである。

ローマでの修業時代

教皇グレゴリウスは『対話篇』二巻の序で、ベネディクトゥスが人文学を学ぶためにローマへ送られた、と語っている。この文面からうかがわれるのは、ベネディクトゥスが十四歳から十八歳頃までに、故郷で初等教育を終えていて、さらに人文学・哲学・法学などを学ぶためにローマへ出たということである。しかしそのローマ滞在期間は長くはなかった。彼の高貴な心が、ローマの世俗生活のむなしさを軽蔑し、それを捨てたのである。

当時、西ローマ帝国はすでに滅び、イタリアは東ゴート王国の支配下にあった。王国の宮廷はラヴェンナにあり、テオドリック王は東ローマ皇帝からパトリキウスという官名を受けて支配していた。執政官以下の古代行政組織をそのまま残し、ローマの文物を保護し、元老院の威信を存続させ、民衆には穀物を供給し、また見せ物提供にも腐心した。

首都ローマは、すでに四一〇年には西ゴート族の王アラリックによって占拠され、また、四五五年にはヴァンダル族の王ガイセリックにより占拠され、掠奪されていた。その時の傷跡は、五〇〇年頃のベネディクトゥスのいた時の町並みにも残っていたであろう。しかし当時は、水道は絶たれることなく、カンパニアの穀倉地帯からの供給もつづき、浴場やコロセウムも健在であり、異教の神殿や諸宮殿もそのままで、その中に教会など、キリスト教的なものがまざっていた。同時代の文人カッシオドルスが、「世界の驚異」と賛嘆しているほどであった。

この古代ローマ的なものの存続は教育面においても同じであった。その頃の少年たちは、一般にまず、文法教師の学校に入り、長い時間をかけてキケロ（前一〇六―四三）やウェルギリウス（前七〇―一九）の著作や詩の一句一句を学び、その中に含まれている歴史や法律や自然学の知識を吸収していった。ついで修辞学教師の学校に入り、やはり古典文学の教養に頼りながら、議論の進めかた、偉人の賛美のしかた、記念すべき事件の描写、被告のための弁論のしかたなどを学び、論理学の修練も受けた。この全課程を修了するのに約四年ないし六年の期間を必要としたといわれる。かつては若いローマ人の古典教育の頂点は哲学であった。しかし、教養人がギリシア・ラテン両語を駆使していた帝国の盛期は去り、東西の分裂が深まると、ローマ人たちはギリシア語を忘れていった。それと共にギリシア哲学の研究にも無関心になっていった。ローマ帝国末期の若者たちは、人間の運命について考えるよりも、自分の博識とラテン語の熟達を誇るようになっていた。プラトンやアリストテレスのようなギリシアの哲学者の名前は知っていても、その著作は読んでいなかった。この頃ボエティウスがプラトンとアリストテレスの全著作のラテン訳を企画したのもうなずける。彼がその完成を見ずに、死んでしまったことは、後世の人たちにとって残念なことであった。ボエティウスが達成したのは、アリストテレスの『論理学』と、ポルフュリウスの『アリストテレス範疇論入門』をラテン訳しただけであった。

当時の若者は、哲学よりも古典の教養や法律学を身につけ、官途につくことを願っていたようである。上述のような文法教師や修辞学教師の学校は、ゴート族侵入以後も、各地に残存していた。北イタリアの文人エンノディウス（四七三―五二一）のおかげで、六世紀のローマ社会では各地の諸学校で、教科目も教育方法もゴート族侵入以前のままに教育が行われていたことをわれわれは知ることができる。教養の基礎であり、本質であるものは文法と修辞の学習であった。生徒は、古典作家たちの作品を読み、註釈をし、さまざまな弁舌の修練によって模倣し、その文章の完全な修得に達しようとつとめた。けれども、このような学習の成果は、期待されるようにはならなかった。当時のラテン文学は古典作家より優れたものはなく、空虚で複雑なものばかりであった。もちろん古典の伝統を継承するのが悪いわけではないし、伝統のない創造もありえない。しかし古典の表現のみに固執し、一部でも新しい真理を付加しようとしないならば、伝統の意味もなくなってしまう。古代末のラテン文学は、途絶えることはなかったが、このように自然的衰退をたどっていたのである。若きベネディクトゥスがローマで学んだ時、このような単なる弁舌の修練にいや気がさしたのも理解できよう。

ベネディクトゥスがローマでの修学を打ち切ったことには、さらに重要な動機があったと思われる。皇帝ウァレンティニアヌス一世（在位三六四―三七五）が三七〇年にローマ市の学生たちに与えた法令に、「彼らはあまりしばしば夢中になるほど、公共の見せ物に通ったり、無秩序な宴会に入りこんだりしてはならない」という一節がある。これはすべてのローマ帝国の都市、特に大都市がもっていた享楽的雰囲気とその誘惑に対する警告である。このことは、西ローマ帝国崩壊後もその伝統を引き継いだ東ゴート王国の支配下において、あてはまるものであった。円形競技場での剣奴の闘技や戦車競争、人民に対する公の振る舞いである大宴会、公衆浴場の歓楽、公娼・私娼のたむろする場所、これらは、質朴な地方都市から大都会に遊学に出てきた若者たちをとらえる、世俗的快楽のわなであったであろう。このようなむなしい快楽の都への反感が、ベネディクトゥスをよりよい環境を求め、よりふさわしいものとして求道の道へと向かわせたのであろう。

教皇グレゴリウスの『対話篇』二巻の序によれば、「彼は多くの者が、悪徳の淵を通って破滅に至るのを認め、いわば俗世の敷居からくびすをかえした」、また「かくして彼は人文学の学習を捨て、父の家と財産を捨て、神のみ旨にかなうことのみを欲し、聖なる修道生活に入ることを求めた」と書かれている。

ローマでの修学を短期間で打ち切ったベネディクトゥスのこの決心は、二つのことを史料の文面より推測させる。一つは彼がこの時すでに、信心深い平信徒の生活ではなく、在俗聖職者としての道でもなく、具体的にはどのような生活形態かは未定ではあったが、修道生活に入る決意をしたことである。二つ目は「父の家と財産を捨て」とか「神のみ旨にかなうことのみを欲し」という言葉からうかがわれるように、当時のベネディクトゥスがすでに、アントニウスなどの東方修道制の創始者たちに関する書物を読んでいたと思われることである。

エフィデでの在俗の禁欲生活

ローマを去ったベネディクトゥスは、エフィデという小都会へ移った。この町は、かつてローマの植民都市として建てられたもので、ローマ市から東へ三十五マイルほどのところにある。ベネディクトゥスはこの町で、使徒ペトロ教会に滞在し、世俗生活にとどまりながらも、禁欲的でより高い修徳を行うために集まった人々の中で暮らした。エフィデでの生活で記録されているのは、一つの奇跡のみである。それは彼の乳母が、小麦をより分けるための、陶器でできたふるいを、近くの女たちから借りていたところ、誤って落として壊してしまった。彼女が困って泣いているのを見て、哀れに思ったベネディクトゥスは、その前で一心に祈った。するとふるいは元どおりに戻って、壊れたあともなくなってしまったのである。この事件は当地の人々の間で評判になり、称賛のまととなって、そのふるいは教会の扉にかざられた。後にランゴバルド族が町に侵入して来るまで、そのまま存在したという。しかしベネディクトゥスは、このような成聖の名声がたつことを嫌い、別れも告げず、乳母も残して、一人でここを立ち去って行った（『対話篇』二巻一章）。彼がエフィデに滞在したのは短期間であったと考えられる。

スビアコでの隠修士の生活

ベネディクトゥスが次に滞在したのは、スビアコ（ラテン名でスブラクス）というところである。ここは、エフィデの北方三マイルほどのところにあり、アニオ川の深い峡谷がある。クラウディウス帝（在位四一―五四）はここに、アニオ川をせき止める石造の堰を二カ所つくり、上下二つの湖にした。下の湖から、水は二十フィート（約六メートル）下の川に落ちて流れ、ローマの近くでティベル川に合流していた。ネロ帝（在位五四―六八）は、この二つの湖の滝の下に別荘と浴場を建てた。しかしベネディクトゥスの時代には、建物はすでになく、巨大な遺構が往時をしのばせるだけであった。この二つの堰は、一三〇五年まで残っていたが、その年に大洪水が起こり、石の壁を押し流し、水流は谷に落下して大きな被害をもたらしたという。

ベネディクトゥスはその地の荒涼とした景観が気に入ったようである。彼は二つの湖のどちらかの、湖の中に突き出た岩山の洞窟にこもり、一人で観想の生活に入った。この時彼はおよそ二十歳、紀元五〇〇年頃であったと思われる。彼は、東方修道制の祖であるアントニウスに似た隠修士となったのであった。

サクロ・スペコの洞窟で修道するベネディクトゥス。細密画、1510年作。

一般に修道制の起源は、都市の司教を中心とする聖職位階制が確立した後に、ローマの都市社会に残存する異教的雰囲気への順応に反撥した人々が、キリスト教的な完徳をめざして起こした信仰運動と言ってよいであろう。ベネディクトゥスの出発点もまさにそうであった。ベネディクトゥスはここで、一人の修道士に出会って指導を受けている。その修道士はロマヌスという人であった。ロマヌスは、峡谷の上の岩地にあった修道院に属していて、ベネディクトゥスに東方修道士のような衣服を与え、定まった時間に食事も運んで来たが、ベネディクトゥスの孤独な修道についてては秘密を守った。ベネディクトゥスはここで隠修士として三年を暮らした。彼のこもった岩山の狭い洞窟は、サクロ・スペコ（聖なる洞窟）と呼ばれている。

後年、ベネディクトゥスは『戒律』の一章三・四・五節において次のように述べている。

「隠修士とは、修道生活の初心者の熱情によるものであってはならない。むしろ修道院の長い修練を通じて、多くの修友の助けをもって、悪魔と闘う術を学んでからの者でなければいけない。また修道士たちの軍列から離れても、荒れ野で単独で戦えるように、充分に訓練を重ねた者でなければならない。このような人は、もはや他人の助けがなくても、独力で肉や思いの悪に対し、神の助けのみで充分に安んじて闘えるであろう。」

この隠修士の定義から、ベネディクトゥスのスビアコでの隠修士生活が、いかに単独の故に、苦しみと危険に満ちたものであったかが推測されるのである。彼は自分の弟子たちが、それを模倣するのを恐れている。人々は、充分な団体的修練をせずには、決して孤独な隠修士になってはならない、というのが『戒律』に記された彼の結論であった。

教皇グレゴリウスは、ベネディクトゥスの孤独な修業時代について、あまり逸話を残していないが、『対話篇』二巻には、彼がこの当時受けた悪魔の激しい誘惑について、二つの記述がある。その一つは一章にみられるものである。

ロマヌスは、ベネディクトゥスにパンを持ってきていたが、彼の修道院とベネディクトゥスの洞窟との間には険しい崖があった。それでロマヌスは遠まわりをしないで、崖の上から長い綱を使ってパンをつり下ろした。そしてその綱に小さい鈴をつけた。その鈴の音に気づいてベネディクトゥスはパンを受け取りに来るのだった。ところが悪魔は、ロマヌスがベネディクトゥスに与える愛情と食物を妬み、ある日パンが崖から降りて来るのを見ると、石を投げつけて鈴を壊してしまった。しかしロマヌスはパンを届け続けたという。

もう一つは『対話篇』二巻二章に出てくる。ベネディクトゥスが一人でいた時、悪魔が黒い小さい鳥の姿になって近づき、執拗に顔のまわりを飛びまわった。彼が十字の印をすると、鳥は逃げ去った。しかし鳥が逃げた時、ベネディクトゥスは、かつて経験したことのない激しい肉の誘惑に襲われたのである。悪魔は彼がかつて見たことのある女性の像を突きつけた。彼の心には、激しい情欲の炎が燃え上がり、抑えきれないばかりになった。彼はその欲望に圧倒され、修道生活を放棄しようとさえ思った。その時、突然神の恩寵が下り、彼は己に立ち戻った。そして彼は、近くにあった茨《いばら》と刺草《いらくさ》の中へ、衣服を脱いで飛び込んだ。とげの刺し貫く藪の中を裸のまま転げ回って、彼は体中傷だらけになった。彼はその体の燃えるような痛みで、心の肉欲の火を消したのである。その後、彼は二度とこのような誘惑を感じることはなかったという。

孤独生活の終わり

このようにして三年が経過した。そしてベネディクトゥスの孤独な生活が破られることになった。というより彼は、最初に志した隠修士の生活、修道制の始祖アントニウス風の生活を完成し、次の段階へ進んだというべきかもしれない。教皇グレゴリウスによれば、「全能なる神が、ロマヌスの労力を休め、ベネディクトゥスの生活を人々に教え、模範を示すことを望み給う時が来た。そして燭台の上に置かれた燈火が光り輝いて、神の家のすべての人々を照らすようになったのである」(『対話篇』二巻一章)。

その時、神なる主は遠く離れたところにいるある司祭に現れ、食事を用意して、険しい丘や谷を越えてベネディクトゥスを訪ねるように命じた。司祭はその通りにして、ベネディクトゥスのところへ来て食事を共にした。それは復活祭の日であった。またその頃、近くの住民たちがベネディクトゥスのいる洞窟を発見した。彼らは粗い毛皮を着ているベネディクトゥスを見て、はじめは野獣と間違えた。しかし、これこそ聖人であると知って、真の信仰に近づいたという。やがて彼の名声は広く伝わり、多くの訪問者が食物を持って訪れるようになり、精神的な生命の糧を受け取って帰って行った。中にはベネディクトゥスの霊的指導を仰ぐ者もいた。ベネディクトゥスは、隠修士の修業のためにこれを避けようとしたが、やむなく認めざるをえなくなった。

その頃、近くのある修道院の院長が亡くなった。そこの修道士たちは、ベネディクトゥスを修道院長に仰ごうとした。彼らは高い修道理想を求めてはいたが、実際のところはなはだ規律を欠いていたらしい。また彼らは共住修道士でありながら、強い個人主義的傾向を持っていて、従順の精神を欠き、隠修士的な傾向を持つ集団であったらしい。その修道院はアニオ川を見下ろす急な崖の淵にあり、ヴィコヴァロといわれる所であったと思われる。スビアコからは、ティヴォリの方へ十八マイルほど川を下った所である。そのあたりは、古くから多くの修道院があった場所で、今も岩の洞窟があちこちに残っている。

ベネディクトゥスは、はじめこの修道院の指導をことわった。おそらくその実を結ばないことを推察していたのであろう。彼らの生活は自分の生活と違うことを理由にして拒んだのである。しかし、そこの修道士たちにどうしてもと乞われて、引き受けることになった。だがいっの修道士たちは、自分たちの選択の誤りに気がつき、文句を言いはじめた。それでも彼らは自分たちの言い分が通らないとなると、不平をつのらせ、ある日彼らの共同の食堂で、ぶどう酒の中に毒を入れてベネディクトゥスに飲ませようとした。だがその毒を入れたぶどう酒の水差しが、ベネディクトゥスの前にさし出され、彼が十字の印をして祝福すると、水差しはたちまちまるで石を投げつけられたようにこなごなに壊れてしまった。そこでベネディクトゥスは言った。「兄弟たちよ、全能の神があなたがたを憐れまれんことを。あなたがたはなぜこのようなことを私にしたのですか。私は前もって、私の生き方とあなたがたの生き方とは一致しないと言っていたではありませんか。あなたがたの生き方に合う修道院長を探しなさい。私はもはやここにはいないから」(『対話篇』二巻三章)。そうして彼は、また自分の愛する神とだけの孤独な生活に戻ったのである。

このヴィコヴァロの経験は、ベネディクトゥスにとって人々と交わる生活を、ますます厭わせるようにしたにちがいない。しかし、彼はすでに、田舎の貧しい人々の喜びや悲しみに同情することも学んでいたし、それ以上に、神への道の導きを求める多くの人々の要求に従うのが、自分の使命であると考えるようになっていた。そこで彼は、ヴィコヴァロの悲惨な経験を踏まえて、隠修士への第一の道を捨て、共住修道士という第二の道を進むことになったのである。

スビアコでの共住修道士の生活

ベネディクトゥスは、彼の生涯の中で、修道制の発展の歴史をたどっている。はじめは隠修士、すなわち東方におけるアントニウス風の孤独な修道生活を経験し、それから共住修道士、すなわちパコミウス風の団体組織による生活を経て、最後に彼自身の『戒律』に基づく生活の道を確立したのである。

ベネディクトゥスが、どの程度まで読書を通じて修道生活の歴史について知っていたかはわからないが、かなりそれを知っていたことは確かである。彼はこれを基礎として、また自分の経験を加え、共住修道院の建設に着手した。彼はまず、スビアコの湖のほとりに修道院を建てた。修道士の数は急増したので、彼はまもなく、周囲の谷や丘の上にも修道院を建てることになり、スビアコ周辺に十二の修道院ができた。いずれも木造で質素な建物であった。各修道院には、十二人の修道士と一人の修道院長がいた。ベネディクトゥスの下にも、彼が直接指導する修道士たちがいた。おそらくこの頃から修練期間、すなわち見習い期間の設定も始まり、修練者はベネディクトゥスの直接指導を受けていたと思われる。もちろんベネディクトゥスは、傘下の十二の修道院全部に対しても、これを創立者として監督していた。このような組織は、完全にパコミウス風の共住修道制の模範に則していたのである。

教皇グレゴリウスによれば、ベネディクトゥスの名声はその頃、ローマにまで広まっていった。

「ローマの敬虔な人々が彼を慕って集まり、彼らの息子たちを全能の神に仕えるように育ててほしいと彼に託した。その中にエウティキウスの息子マウルスと、貴族のテルトゥルスの息子プラキドゥスがいたが、二人は将来有望な若者であった。マウルスは、多くの徳を持った若者で、まもなく師の助力者となった。プラキドゥスはまだ少年であった」(『対話篇』二巻三章)。

このマウルスとプラキドゥスについて、教皇グレゴリウスは多くを語っている。しかし他の弟子たちについては、なぜかほとんど触れていない。

『対話篇』に書かれている物語

この最初の十二の修道院について、その雰囲気を示す話が書かれている。そのうちの三つの修道院は、山の岩地の上にあり、水を汲みに行くのが大変であった。修道士たちは、その労をベネディクトゥスに訴え、修道院の場所を移してほしいと言った。ベネディクトゥスは彼らを慰めて帰した。その夜、彼はプラキドゥスを連れて岩山に登り、ある場所でしばらく祈ってから、そこに三つ石を置いた。翌日修道士たちが再びやってくると、彼は言った。「岩山に登り、三つの石が置いてある所を探し、そこを掘りなさい。」 彼らが命じられた通りにすると、そこから水が湧き出してきた(『対話篇』二巻五章)。

ベネディクトゥスの奇跡により、プラキドゥスがマウルスにより救出される。ベネディクトゥスとスコラスティカの会話。ロレンツォ・モナコ作、1414年、祭壇背後の飾り壁、フィレンツェのウフィツィ美術館。

この物語には、ベネディクトゥスが弟子たちに示した配慮のこまやかさと、修練者プラキドゥスに示した模範のみごとさがみられる。この際彼は、夜みなが寝ている時に、長い間熱心に祈る自分の姿を、ごく自然に修練者に見せたのであった。彼の修道士の父たるにふさわしい資質を示すものといえる。

また、次のような話も書かれている。ここにはベネディクトゥスとプラキドゥスのほかに、マウルスが登場する。ある日ベネディクトゥスは、湖のそばの修道院の自室におり、マウルスがその側にいた。プラキドゥスは湖へ水を汲みに行き、あやまって湖に落ちて、遠くまで流されてしまった。ベネディクトゥスは見ていなかったのに、それに気づいてすぐ、マウルスに「早く行って助けなさい」と命じた。マウルスは直ちに従って、岸から矢の飛んでいくほどの距離を走って、無事にプラキドゥスを助けて帰って来た。岸に戻って我に返ったマウルスは、自分が水上を走ったことに気がついた。彼はベネディクトゥスにこのことを告げ、これは師の祈りによって起こった奇跡であるとしたが、ベネディクトゥスはこれをマウルスの従順によって起こったこととした。そして助けられたプラキドゥスは、「私が水から引き出された時、頭上に師の頭巾を見ました。自分を助けてくれたのは、師であると思いました」と言ったという（『対話篇』二巻七章）。

この物語は、修道院長と弟子たちの、特に修練者との関係について示唆しているものである。『戒律』五八章の「修練者には、霊魂を獲得するのに巧みな、また修練者を注意深く見守る年長者をつきそわせねばならない。そして彼が真に神を求めているか、聖務・従順・叱正を熱意をもって受け入れるかを見守らねばならない」という叙述は、まさにベネディクトゥス自身にあてはまる。彼自身こそ「霊魂を獲得するに巧みな人」であったと言えるであろう。

ある修道院では、沈黙の祈りの時間に、じっとしていられない修道士がいた。彼はこの時間に祈りが始まると、うろつき回り気を散らしていた。直属の修道院長が注意をしても直らないので、ベネディクトゥスの前に連れて来られて、厳しく叱られた。しかしこの叱責は二日間しか効果がなかった。三日目になると、彼はまたうろつきはじめた。そこでベネディクトゥスはその修道院に出向いて行った。『詩篇』の詠唱が終わり、修道士たちが沈黙の祈りに入ると、彼はまたうろつきだした。この時、ベネディクトゥスは、小さな黒い子供が、この修道士の頭巾の房をつかんで、彼を連れ回しているのを見た。ベネディクトゥスは、修道院長のポムペイアヌスとマウルスに、その「黒い子供が見えるか」とたずねた。二人は「いいえ」と答えた。ベネディクトゥスは「では祈りましょう。そうすれば、あなたがたにもこの修道士が誰に連れ回されているのか、見えるでしょう」と言った。二日間祈った後、マウルスには見えるようになったが、ポムペイアヌスにはまだ見えなかった。翌日、ベネディクトゥスはその修道士が外へうろつき出たのを見て、鞭でたたいた。以後、その修道士はうろつかなくなった。まるで悪魔自身が鞭打たれたかのようで、その後は彼も悪魔の誘惑に屈しなくなったという（『対話篇』二巻四章）。

修道士の第一の義務である祈りに次ぐものは、労働であった。農耕により、彼らは質素な自分たちの生計をたてねばならなかった。ある時、ゴート人の修道志願者が入ってきた。ゴート人はアリウス派であったが、彼は正統派に改宗して、修道生活をめざしたのであった。労働の時に、彼は鎌をふるって茨の藪を切り開いていた。ところが、鎌の刃が柄《え》から取れて、湖の中に落ちてしまった。彼はマウルスに自分の過失を告げて、大変悲しんだ。この報告を受けたベネディクトゥスは、湖畔に出て、鎌の柄を、その刃が落ちた方向へ投げた。すると刃が水中から現れて、柄と一緒になった。ベネディクトゥスは、もとに戻った鎌をゴート人に返し、「さあ働きなさい。そしてもう悲しまないように」と言ったという（『対話篇』二巻六章）。

スビアコを離れる

スビアコの静かな、幸せな生活が破られる時が来た。この近くに教区を持つ、フロレンティウスという在俗司祭がいた。ベネディクトゥスに対して、なぜか激しい憎悪を抱いていた。この司祭の憎悪の原因はよくわからない。単にベネディクトゥスの名声を妬んでいただけなのか、あるいは自分の生活が非難されている、と思いこんだのか。いずれにせよ、悪魔にそそのかされていたのであろう。彼はベネディクトゥスを批判し、ベネディクトゥスを訪れる人々を妨げようとした。さらには、ベネディクトゥスを亡き者にしよう

毒入りのパンを烏に命じて捨てさせるベネディクトゥス。マギステル・カクソルス作、13世紀のフレスコ画、スビアコのサクロ・スペコ地下聖堂。

と企てたのである。当時のキリスト教徒の間では、祝福したパンを、信仰と愛の一致の象徴として、知人に贈る習慣があった。フロレンティウスはこの習慣を悪用して、毒の入ったパンをベネディクトゥスに贈ったのである。しかし、ベネディクトゥスはこれを察し、毒入りパンであることを見抜いた。そして、毎日彼から餌をもらいに飛んでくる烏《からす》に、そのパンを人に見付けられない所へ持っていって捨てなさい、と命じた。烏はしばらく躊躇していたが、やがてそれをくわえて飛び去った。しばらくして戻ってくると、ベネディクトゥスからいつものように、パンくずをもらって食べたという。

一方、毒殺に失敗したフロレンティウスは、ベネディクトゥスの弟子たちを堕落させようと企て、ベネディクトゥスの修道院へ七人の女を送り込み、淫らな振る舞いをさせて修道士たちを誘惑した。ベネディクトゥスはこの在俗司祭が自分をこの土地から退去させようと望んでいることを悟り、自分にとってもその方がよいと判断した。そこで彼は数名の弟子を連れてスビアコをあとにした。その道のりをまだあまり行かないうちに、彼はフロレンティウスが事故で死んだという知らせを受けた。弟子たちは戻ることを勧めたが、彼はもはや戻ろうとはしなかった。ただこの司祭の死を悲しみ、それを知らせてきた弟子のマウルスが喜んだのを咎め、彼に痛悔するようにと命じたという（『対話篇』二巻八章）。

この話は単にベネディクトゥスの成聖を讃えること以上に、重要な意味をもっていると私は考える。修道制の歴史の中で、その当初より現れていた重大な問題に関わるからである。それは修道士と在俗聖職者の対立という同じ正統派の教会の中での問題である。修道制が登場する以前に、教会の聖職秩序、すなわち教皇・司教・司祭・助祭という、在俗聖職者の職階制はすでに確立していた。それは教義を確定し、洗礼・聖体・叙階などの秘跡を授け、自己の分担する教区内の信者を指導する組織であった。在俗の司祭たちは、もちろんその職務にふさわしい成聖と禁欲を要求されていたが、それ以上に厳格な道徳的完全さを求められてはいなかった。これに対して、おくれて登場した修道制は、修道士たちにもっと厳格な成聖と禁欲を要求した。道徳的完全さをめざす修道士の存在は、それ自体が在俗聖職者にとっては、自分たちに対する批判と受けとられるおそれがあった。

　ましてや心ない修道士が自分の完徳を誇り、在俗聖職者を批判したり、一般の平信徒たちが自分によせる人気をよいことに、在俗聖職者の教導を妨害したりすれば、両者の対立は一層深刻なものとなる。このことは、都市には主として在俗聖職者、地方には主として修道士というように、相対的な地域区分で解決される問題でもない。東方修道制の出現以来、修道士の中には各地を放浪して修業する者が存在したことは、両者の緊張を高めることにもなった。これらはベネディクトゥス以前から、修道制の深刻な危機の一つであった。

　このような事情を考えると、ベネディクトゥスが修道士として在俗司祭のフロレンティウスに対して示した態度は、この両者の間の困難な問題に対する、新しい解決を示唆しているように思う。彼が示した第一の解決は、修道士が在俗聖職者の職権を、その人格とか道徳性とは無関係に尊敬するという態度である。第二の解決は、修道士が在俗聖職者の分担地域に絶対に入りこまないこと、もし自分たちの存在が彼らの職域と重なった場合には、その場所を退去するという態度である。この第二の解決を、彼は後年さらに強化する。それは修道士が、自己の修道院内に終身的に定住して決して放浪しないこと、すなわち一所定住という方法の採択である。このことについては、のちにより深く論じてみたい。

スビアコ退去についてはさらに重要な意味がある。ベネディクトゥスは、やむなく強いられてスビアコを退去したとは考えず、むしろ良いことと見た。彼はすでに、東方のアントニウス風の隠修士の生活を経験し、また、同じ東方のパコミウス風の共住修道士の生活も実験した。十二の小修道院連合体の結成がそれであった。しかし彼は、これらの中にもまだもの足りなさを感じていた。修道士の個人的な修業より、さらに団体的な修道の重要性を感じはじめていた。それには、多くの小修道院のゆるい集合より、もっと大きな組織をつくり、一人の修道院長の下に一つの大修道院とした方がよいと判断するようになったのである。修道士たちは、大修道院の中で完全に共住し、孤独な観想よりも、共同の聖務と労働に従事し、霊的にはもちろん物質的にも自給自足する生活をする。これは、ローマの都市社会から離脱し、完全な修徳をめざすという意味では、東方修道制と同じであったが、より団体的性格が強くなっている。単に個人的に完徳をめざす信仰運動から、目標を同じくする個人同士の結合という団体である。また、単に都市社会からの個人的な離脱というのではなく、荒れ地を切り開いて、新しいキリスト教的な農村社会を建設しようとするものであった。この新しい理想を、ベネディクトゥスはやがてモンテ・カシーノで建設することになる。これは五二九年頃、彼が四十九歳頃のことである。スビアコを退去した時、彼はすでにこの新しい構想を練り上げていた。したがって彼はフロレンティウスの妨害に出会った時、確固とした決心をして、進んで立ち去ったのである。彼は新しい理想を実現するための新天地を求めていたのであった。

第五章　モンテ・カシーノ修道院

モンテ・カシーノの歴史

スビアコを立ち去ったベネディクトゥスは、モンテ・カシーノ（Monte Cassino）にたどり着いた。そこは、ローマからナポリへ通じるラティナ街道ぞいに、八十マイルほどのところにある古い町の背後にそびえる山であった。山のふもとにある町は、古くはカシヌムといわれ、はじめはウォルスキ人が居住し、そのあとにサムニテ人が居住し、ローマ人が来てからは自治都市となった。ベネディクトゥスの時代には、廃墟となっていて貧しい村があった。現在は、カシーノと呼ばれる大きな町となり、鉄道が走っている。この辺り一帯は、第二次大戦の時（一九四四年）に激戦地となり、町も山上の修道院も徹底的に破壊された。しかし現在は完全に復興している。

ベネディクトゥスは五二九年頃、このモンテ・カシーノ、すなわちカシーノ山上に修道院を築いた。この山は、アペニン山脈の中央山系から西へ突き出た山塊であり、リリス川の流れる肥沃な平野に臨んでいる。山頂には、先史時代の遺跡およびローマ時代の城塞の跡があり、ふもとのカシヌムの町に防備を提供していた。また、当地は異教の神々に生贄が捧げられていた聖域でもあった。山の斜面の深い森の中は、神聖な場所であり、ユピテル、アポロン、ヴェヌスなどの神々が祭られていた大理石の祭壇があった。この祭礼は、カシヌムの町の繁栄が去ったあとまでも続き、キリスト教が広がったあとにも行われていたという。

ある古詩に、次のように歌われているものがある。「ベネディクトゥスは山を、ベルナルドゥスは谷を、フランシスコは村を、ドミニコは賑やかな町を愛した。」まさにベネディクトゥスは山を愛する人だったのである。

八世紀頃の修道者であり、詩人でもあったモンテ・カシーノのマルクスは、次のように言っている。「ベネディクトゥスは、田舎の異教徒に福音を伝え、彼らを偶像崇拝から真の神の道へ導くために、遠くの修道院からモンテ・カシーノへ、神によって召されたのである」また「その山はカンパニアの砦であった。かつては異教の不敬虔と死の砦であったが、今やベネディクトゥスにより、修道院の塔が立ち、キリスト教的な敬虔と生命の砦となったのである。」

これは、ローマにおけるキリスト教布教の過程を説明している。異教徒は英語では pagan といわれるが、この語源はラテン語の paganus すなわち田舎の人の意である。キリスト教がはじ

モンテ・カシーノ。ベネディクトゥス修道会発祥の地。第二次世界大戦中1944年に破壊された後、完全に再建された。

め都市に広がり、田舎には異教徒が残ったために、このように呼ばれたのである。ベネディクトゥスは、取り残された田舎に布教し、地方にキリスト教を伝達した時代の先駆者であった。

後代の言い伝えによれば、モンテ・カシーノの土地は、ベネディクトゥスの弟子プラキドゥスの父で、貴族であったテルトゥルスによって寄贈されたものであるという。『対話篇』にも、ベネディクトゥスがこの山を自分のものとするのに、誰かが文句を言ったとは書かれていない。八世紀のマルクスは、ある隠修士が求められてベネディクトゥスにその土地を譲ったと語っている。またマルクスによれば、ベネディクトゥスは荒れ地を切り開き、道をつくり水を引き、穀物と果樹を植えて、平和な世界をつくり出したという。これらの仕事をするには、カシヌムの町の人々の許可と協力を必要としたであろうし、また異教の神殿の破壊には、皇帝の勅令による認可があったと考えられる。ベネディクトゥスは異教崇拝に対しては厳格であった。教皇グレゴリウスの『対話篇』によれば、ベネディクトゥスはアポロンの偶像を壊し、その祭壇を倒し、その森を切り開いた。そしてそこにトゥールのマルティヌスに捧げられた祈祷所と、洗者聖ヨハネに捧げられた祈祷所を建てた。そして彼はそこの異教の神殿に詣でていた住民に対してたえず説教をし、キリスト教信仰へ導いたという。

悪魔は異教の神殿を簡単には明け渡そうとはしなかった。悪魔は恐ろしい形相で現れ、口から火を吹き、眼からも火を放った。彼らは「ベネディクトゥス（祝福された人の意）よ、ベネディクトゥスよ」と呼びかけ、答えがないと「ベネディクトゥスではなくマレディクトゥス（呪われた人の意）よ、お前は私と何の関係があるのか。なぜ私を迫害するのか」と叫んだ。弟子たちにその姿は見えなかったが、その声は誰にでも聞こえたという（『対話篇』二巻八章）。

モンテ・カシーノ修道院の建設

悪魔は特に修道院建築を妨害した。ある時修道士たちが、修道院の居室を造っている時、大勢で力を合わせても持ち上がらない石があった。彼らはこれは悪魔の業と察して、ベネディクトゥスを呼んだ。ベネディクトゥスが祈って祝福すると、石はまるで重さがなくなったように簡単に持ち上がり、取り除けられた（『対話篇』二巻九章）。ベネディクトゥスの指示で、弟子たちがその下の土を掘ると青銅の偶像が出てきた（『対話篇』二巻一〇章）。なお弟子たちはこの偶像を台所に捨てておいた。ある時、台所が炎に包まれた。その騒ぎを耳にして、ベネディクトゥスは台所へ出てきたが、彼の眼には弟子たちが騒いでいる炎が一切見えなかった。ベネディクトゥスは弟子たちに十字の印をするようにと命じた。すると弟子たちにも炎が一切見えなくなったという（『対話篇』二巻一〇章）。

修道士たちが壁を造っていた時、それが崩れて一人の少年が下敷きとなった。その少年は市参事会士の息子であった。修道士たちは少年を引き出したが、すでに死んでおり、彼らは少年をベネディクトゥスのところへ運んでいった。ベネディクトゥスは弟子たちに仕事に戻るようにと命じ、少年の前で祈りを捧げた。すると一時間とたたないうちに、少年は回復して、また壁を造る仕事に戻って行ったという（『対話篇』二巻一一章）。

『対話篇』には、モンテ・カシーノの施設建設については、これ以上くわしいことは書かれていない。しかし、のちに同じようにベネディクトゥスによって建てられた、テラチナ修道院に関する記述と、『戒律』の規定から、よりくわしいことがわかる。

モンテ・カシーノの修道院が完成して後、ベネディクトゥスは、ある信仰深い人から、彼の所有するテラチナ市近傍の領地に、修道院を建てて修道士を送ってくれるようにと頼まれた。ベネディクトゥスは、修道院長と副修道院長を任命し、当地へ行くように命じ、自分はある決めた日にそこへ行くと約束した。そして祈祷所・食堂・客人の家およびすべての必要なものをどこに建てたらよいかを指示すると言った。その約束の日に、彼はテラチナへ行かなかったが、その夜、任命された修道院長と副修道院長の夢の中に現れて、一切を指示したという（『対話篇』二巻二二章）。

この記述から、モンテ・カシーノ修道院にも、前述のように祈祷所、修道士の居室、台所、外壁のほかに食堂、客人の家があったことがわかる。さらに『戒律』六六章によると、修道院は壁で囲まれていて、門が一つあり、門衛の室があることがわかる。門衛は年配者で、落ち着いていて賢く、すべての来客に適切に接する人でなければならなかった。また同じ箇所から、壁の中には湧き水のある所、製粉所、庭、種々の仕事場もあることが示されている。『戒律』の他の章からも、祈祷室、複数の食堂、客人の家、台所、修練者の家、寝室、図書館、病室、仕事部屋、道具部屋などの存在が推定される。

なお、修道院全体が壁で囲まれていたのは、修道士が外出して外界の世俗的な雰囲気にふれないように、霊魂を外界の危険にさらすことのないようにするためであった。そのために院内で、自給自足の生活が可能であるように、設備が整えられていたのである。

修道院の生活

ベネディクトゥスがモンテ・カシーノで定めた新しい修道生活は、スビアコと等しく、祈りと労働を中心としたものであった。早朝のまだ暗いうちに起床した。そしてまず朝課（Matutina）を唱える。これは共同の聖務で、一日に七回に分けて唱えられる『詩篇』詠唱の最初である。それは聖マルティヌス祈祷所で行われるが、暖房もなく、ガラス窓もない吹き抜けの所で、一時間ほどの祈りは、厳しい修練であったといえる。朝課に続いて冬期には霊的読書がある。その後再び聖マルティヌス祈祷所に集まり、讃課（Laudes）を唱える。それは日の出の時である。『詩篇』詠唱は一日のうちに、一時課（Prima）、三時課（Tertia）、六時課（Sexta）、九時課（Nona）、日没時の晩課（Vesperae）、日没後の終課（Completorium）とつづく。朝課と讃課を一つとすれば、一日に七回、合わせて約四時間にわたる、共同で行う典礼的祈りである。このようにして百五十章の『詩篇』が一週間かけて全部朗唱された。それ以前には、百五十章の『詩篇』を一日で朗唱するような離れ業を誇る修道士もあったが、ベネディクトゥスはそのような極端な個人プレイを好まなかった。なお、典礼的祈りの時間が定められていることは、修道生活を容易にし、秩序ある生活をするのに役立った。

日曜日と大祝日にはミサにあずかり、聖体を拝領した。また霊的読書は、聖書と教父の研究を中心とし、一日に平均四時間ほど課されていたが、夏よりも冬の方が長時間かけて行われた。

『詩篇』詠唱や、霊的読書の聖務のために、ベネディクトゥスは修道士たちに読み書きを学ぶことを命じ、聖書と教父や修道士の著作を勉強させた。学問は修道生活の完成のために、また観想的愛のために必要な修練であったのである。

ベネディクトゥスとほぼ同じ頃、南イタリアのウィウァリウムに修道院を建てたカッシオドルスは、学問を修道士の修練としてではなく、より広く教会一般の必要に奉仕するためと考えていた。ウィウァリウム修道院の主たる目的は知的活動であったが、結局のところ長くは続かなかった。これに反し、修道士の修練として学問を取り入れたベネディクトゥスの修道院は、西欧に定着し、栄えることになる。

ベネディクトゥスとその弟子たちは、祈りについで肉体労働を重視した。このことは、中世初期に衰退していたヨーロッパ社会を、再建するのに役立った。荒れ地を開墾し、森を切り開き、自給自足のための農地をつくったことは、農村に新しい息吹を吹き込んだ。そして修道院は、キリスト教の信仰と学問を守り、その基礎が確立していくにつれ、カッシオドルスの考えていたような知的活動へ重心を移していく。

『戒律』四八章の「日々の肉体労働について」は、「怠惰は霊魂の敵である」という句に始まる。そして「それゆえ、修友はある一定の時は肉体労働に、また他の一定の時には霊的読書に専念しなければならない」という。肉体労働は日に約六時間半、特に収穫時期には、霊的読書をある程度犠牲にしても、それに専念すべきである、とベネディクトゥスは考えていた。ちなみに食事時間は約一時間、睡眠時間は約八時間半である。労働については「修友たちは不満を抱いてはならない。なぜなら教父たちや使徒たちの如く、自らの手の労働によって生きる時、彼らは真の修道士となるのであるから」（『戒律』四八章）と書かれている。ベネディクトゥスのこのような肉体労働の重視は、単に従来の修道士の伝統を継いだだけではない。これは健康な修練であり、また自給自足のために必要であったからである。彼より以前の修道院では、編み物をして、それが完成するとそれをすべて解いて、再び編み始める、というような無意味な労働が行われていた。それは労働を生産と消費のためではなく、単なる修練とみたためである。しかしベネディクトゥスは、労働を自給自足のために必要なことと考え、またそれを一所に定住する新しい修道生活の基盤としたのであった。労働による自給自足なくしては、多数の修道士のいる大きな団体が、一つの壁のなかにこもって生活することは不可能である。

しかし、ベネディクトゥスは貧しい修道院のことは考えたが、その労働の結果とはいえ、後に修道院が豊かになって、労働も必要としなくなるとは、考えもしなかった。実際、修道院生活は、労働と生計の均衡がとれている間は栄えていった。貧しさのために死に絶えた修道院はほとんどなかったが、富によって堕落していった修道院はあるのである。

キリスト教的農村社会の建設

ベネディクトゥスの修道院での修道士の労働は主として農業であった。修道院は信仰の中心であると共に、農業の中心であった。ローマの末期には農業は危機にあった。三世紀の末、ディオクレティアヌス帝（在位二八四―三〇五）は、徴税を容易にするために、農民をその登録された土地に緊縛する勅令を発した。この方法を都合がよいと考えた領主たちは、政府にこれを強化するように勧め、三三二年には、逃亡の恐れのある農民を鎖でつなぐ許しを得た。三五六年には、農民たちは自分の領主の許可なしには土地から離れることを禁じられた。さらに三九六年には、領主が地代をつり上げた場合以外には、農民は領主を訴えるのを許されなくなった。当時は農民が土地に縛られて、自由を失った時代であった。このような情勢の中で農民の勤労意欲は低下していった。ましてや積極的な荒れ野の開拓などは、一般の農民には望むべくもなかったのである。この時代にあって、ベネディクトゥスによって始められた新しいキリスト教的農村社会の建設が、大きな意味をもったことは、充分察せられるであろう。

ローマ帝国には、中小の自由農民による農業経営と並んで、多数の奴隷を使役する大農場制度があった。ラティフンディアと呼ばれるこの農場制度は、当時奴隷の入手が困難になり、すでに衰退していた。この古代の、奴隷の耕作による農業は、中世の荘園内の農奴によるものと較べて、きわめて能率の悪いものであったらしい。古代の奴隷は、農場管理人に使役されて集団で労働するが、そこでは相互の自発的な共同耕作は行われなかった。これに反して中世の農民は、開放耕地制といって個人の保有地の境を取り払い、共同で耕作をした。三圃制といわれる耕作方法が導入されてからは、特にその共同耕作は進んだ。このように、古代の奴隷制による大農場経営にみられる強制された集団労働と、中世の荘園の農村共同体にみられる自発的な共同耕作を較べて見る時、後者の模範としてベネディクトゥスの修道院の農業労働があったと思われるのである。

農業に限らず、すべての肉体労働は、立派な仕事として軽蔑してはならないものであった。そこでは一般的な手工業の作品と、美術的な作品との間に区別はなかった。『戒律』五七章には、「修道院内の手工業職人について」書かれている。「修道院の中に手工業職人がいれば、彼らは修道院長の許可を得て、謙遜に彼らの仕事をしなければならない」のである。彼らは修道院を金儲けのための工場にしてはならないのである。

「手工業職人のどのような作品も、売らなければならない時には、それを売ることを担当する者は、不正を行ってはならない。常にアナニアとサフィラ（『使徒言行録』五章）の先例を記憶すべきである。彼らのうちに悪しき貪欲が忍び込むことがないように、世俗の人々が売るよりも、いくらかでも安く売るべきである」（『戒律』五七章）。

『詩篇』詠唱と祈り

修道院内では、労働も霊的読書もすべての業において、神の栄光が求められたが、特に聖務である『詩篇』詠唱に対しては、この点が強調されている。それは修道士たちが共同で唱えた。『戒律』の中でも聖務については多くの部分が割かれ、細かい規定が定められ、正確に唱えられるように配慮されている。そしてそれを遵守させることが、修道院長の神聖な義務とされている。「何ごとも聖務に優先してはならない」（『戒律』四三章）のである。

ベネディクトゥスが、聖務すなわち典礼的な『詩篇』の詠唱を、はじめから修道士たちにとって不可欠と考えていたとは思われない。なぜなら、スビアコでの三年間、一人で洞窟の中で生活し、隠修士の修業していた時、時間割に従って『詩篇』を一週間で唱えるように音読していたとは思われないからである。しかし、共住修道士の規則を定めた時、彼は聖務を第一の義務としたと考えられる。そしてモンテ・カシーノでの修道院の制度を決めた時、これを実行するためさらに細則をもうけたと推定される。

この『詩篇』詠唱は、それ以来現在に至るまで千五百年近くも、ベネディクトゥスの『戒律』を取り入れているすべての修道院で唱えられている。六世紀の末、カンタベリーのアウグスティヌス（六〇五頃没）は、それをイングランドに持ち込んだ。この伝統を継いだベーダ・ウェネラビリス（六七三頃―七三五）は、ノーサンブリアで、「天使たちが『詩篇』を詠唱する修友の中に私を見いだすだろう。もしいなかったら、彼らは《ベーダはどこにいるか》と言うだろう」と言った。さらにボニファティウス（六八〇頃―七五四）はそれをドイツに持ち込んだ。『詩篇』詠唱の聖務は、またたくうちにヨーロッパ全土の修道院に広まったのである。

『戒律』の中に、祈りに関する重要な章が二つある。一九章と二〇章である。一九章は「神はどこにでもおられ、その眼は善人と悪人を見分けておられるとわれわれは信じている。特に聖務に参加している時、われわれはこのことを疑いなく信じなければならない。予言者の次の言葉を思い出そう。《畏敬をもって主に仕えよ》また《賢明に讃美を歌え》さらに《私は天使たちの前であなたを讃美しよう》。われわれは、神と神に従う天使たちの前で、どのように振る舞うべきかを考え、われわれの心が声に一致するように『詩篇』詠唱に向かわなければならない」と言っている。

聖務と較べると、私的な祈りの説明は簡潔である。しかしその言葉は英知に満ち、真面目である。二〇章には「地位の高い人に何か請願しようとする時、われわれは謙遜に畏敬をもって行うであろう。まして万物の主である神に対しては、謙遜に清らかな信心をもって祈るべきである。われわれは言葉は多い故でなく、心の清らかさと痛悔の涙によって聞き届けられることを信じなければならない。われわれの祈りは、神の恩寵の注入により延長される場合を除いて、短く清くあるべきである」と言っている。

修道院長としてのベネディクトゥス

教皇グレゴリウス一世（マグヌス）は『対話篇』二巻三六章で「ベネディクトゥスは、自分が経験したことだけしか、決して弟子に教えなかった」と語っている。ここには、実践的で率直なローマ人としてのベネディクトゥスの誠実さが端的に表されている。したがって、『戒律』に描かれている修道院長のあるべき姿は、まさにベネディクトゥス自身のことなのである。『戒律』二章によれば、「修道院長は、修道院を統治するにあたって、常に自分が呼ばれている名を思い、上長にふさわしい行いをしなければならない」と書かれている。ここでいわれる修道院長の呼び名とはabbasすなわち父のことである。彼は父として、子である修道士たちが、神の審判に出る時にも、その責任を負わねばならないのである。したがって修道院長は自分の勝手ではなく、神の選ばれた羊の群れである修道士たちに、誠実に奉仕しなければならないのである。ベネディクトゥスの崇敬者教皇グレゴリウスが、司教の信者たちに対する心構えを語った「神の僕たちの僕」という言葉は、まさに修道院長の修道士たちに対する態度にあてはまるのである。

この修道院長ベネディクトゥスの誠実で率直な態度を示す例が、『対話篇』二巻二〇章に描かれている。ある晩、ベネディクトゥスは夕食をとっていた。一人の修道士がその食卓に燈火《ともしび》をかかげて立っていた。この修道士はある高官の息子であった。彼はしばらく立っている間に、傲慢の心を起こしふと考えた。「私に燈火をかかげさせて、食事をしているこの人は一体だれなのだ。なぜ私がこのような奉仕をしなければならないのか。」 すると突然ベネディクトゥスが彼の方に向き直って言った。「胸に十字の印をしなさい。あなたは今何を考えたのですか。」

そしてしばらく謹慎するようにと彼を叱り、燈火をかかげる役目を他の修道士に交換させた。後に他の修道士たちは、叱られた修道士から事の次第を聞き、彼が心の中に抱いた傲慢について知ったのである。ここに見られるベネディクトゥスの叱責は、自分に対する個人的侮辱のためではない。弟子の魂のための、率直で真剣な対処というべきものである。

修道院長の職務

ベネディクトゥスは、キリスト教徒として実践的であった。『戒律』の序には、「真の主であり、王であるキリストのために戦う武器は従順である。それは強く輝かしい武器である」と言っている。また、修道院について「それは主に奉仕するための学校である」と言い、さらに『戒律』二章では、この学校の長である修道院長を「キリストの代理者」と呼んでいる。修道院長をキリストの代理者というのは、その職務においてである。修道院長は、その職務について重大な責任を負い、また修道士たちも絶対服従する義務をもっていた。しかし、修道院長がその神聖な職務以上に、個人として崇められることはなかったのである。

『戒律』五三章では、次のように言っている。

「訪ねてきたすべての来客は、キリストのように迎えなければならない。キリストは《私が旅人であった時、あなたがたは私を迎えてくれた》と言われるだろう。すべての人、特に信仰の友と巡礼者に対しては、ふさわしい敬意をはらうべきである。」

「貧しい人や巡礼者の受け入れに際しては、最大の配慮をしなければならない。彼らのうちにキリストがいるかもしれないからである。」

「訪ねて来る人、または去って行く人のすべてに対して、挨拶は謙遜な態度をもってしなければならない。頭を垂れ、時には地面に平伏し、来客のうちにキリストを見て迎えなければならない。」

修道院長の職務にキリストの代理者を見て、服従する修道生活は、この隣人を神の如く愛することにこそ、至高なる目的があったといえるかもしれない。

適度の禁欲

ベネディクトゥスにとって、精神と肉体に、適度の禁欲と節制を課することは重要であった。とはいえ、過度な禁欲、過酷な苦行をして、肉体を苦しめることは避けるようにした。修道生活もキリストに対する自由な愛の奉仕でなければならなかった。そのことを示す話が『対話篇』三巻一六章にある。

モンテ・カシーノからほど遠からぬ山の近くの洞窟に、マルティヌスという隠修士が住んでいた。彼は、修道士としての自分の召命に忠実でありたいと願い、禁欲と苦行のために自分の体を鉄の鎖で洞窟の壁に縛りつけていた。このことがベネディクトゥスに報告され、ベネディクトゥスは直ちにマルティヌスに伝言を送った。「もしあなたが神の僕であるならば、鉄の鎖ではなく、キリストに対する愛の鎖で身をつなぎなさい。」それを聞いた隠修士マルティヌスは、鉄の鎖をといて、以後は愛の奉仕に従う生活を送ったという。

永遠の相の下に

近代の思想家スピノザの言葉に、「永遠の相の下に」というのがある。汎神論者であった彼は、自分が神を通して世界を見ていると思っていた。哲学者であると同時に、ガラス磨きの職人であった彼は、神という眼鏡のレンズでのぞくように、世界全体あるいは存在の全体をのぞけると錯覚していたのではないかと思う。近代思想の代表者たちには、まるで自分が神になって歴史を見つめているような傲慢さが宿っているように思える。歴史の流れを絶対精神の自己展開のうちに見たヘーゲルもそうである。これに反しベネディクトゥスは、人間的な自我の傲慢によらず、ただ自分の修道院の院長という宗教的な義務のために「永遠の相の下に」自分に与えられた小さな世界を見ていたのである。

『戒律』二章によれば、修道院長は、自分に指導を託された修道士一人一人の霊魂について、その最後の審判の時、神の前に提出される決算書に関し、自分の霊魂と全く同じように責任を負う。彼は弟子たちのこの世での利害得失・能力・徳不徳などを超越して、来世における神の前での、彼らの運命を憂慮しなければならない。これこそ正しい意味で「永遠の相の下に」見ることと言えるのではないか。

『戒律』五八章の志願者受け入れの条件についても、この一点からのみ見られている。それは志願者の現実の能力や徳の有無などではなく、ただ一点すなわち、彼が真に神を求めているか否かのみにかかっているのである。「永遠の相の下に」という問題について、ベネディクトゥスの面目を示す箇所が『対話篇』二巻三五章にある。

リベリウスという貴族によって、カンパニアに建てられた修道院の院長で、助祭でもあったセルウァンドゥスという人物がいた。彼はしばしばベネディクトゥスを訪ね、天国の歓びについて語り合うのを常としていた。こうしたある日、夜も更けたので、ベネディクトゥスは修道院の塔の上の階に、セルウァンドゥスは下の階に寝た。その二つの部屋は階段でつながっていた。その塔に面して大きな建物があり、そこには弟子たちが寝ていた。ベネディクトゥスは、みんなが寝静まった頃、夜の祈りをしていた。その時、窓べに天上から光がさして真昼のように明るくなり、その中に全世界が照らし出された。ベネディクトゥスはこの奇跡の証人のために、大声でセルウァンドゥスを呼んだ。彼が駆けつけると、なおその光の一部が残っていたという。この奇跡に対して教皇グレゴリウスは次のように説明している。「創造主を見る霊魂にとって、世界は狭いのである。思いあがった人間自身の心ではなく、神の内的光による魂の眼は、神によって拡げられ、世界をしのぐのである。」

修道士は謙遜でなければならない

ベネディクトゥスは常に神を凝視しながら生きていた。すべてのことは、主なる神の心に照らして価値あるものとなった。『戒律』七章にみられる、謙遜の十二の段階についても、この精神をもって始まっている。修道士は、常に謙遜でなければならない。心の中だけでなく、行動においても、また彼を見る者に対しても謙遜を示さなければならない。修道士は、『詩篇』詠唱をしている時も、祈祷室にいる時も、修道院の中にいる時も、庭にいる時も、畑にいる時も、他のどこにいようとも、また座っている時も、歩いている時も、立っている時も、常に頭を下げ、まなざしを低くして、常に自分の罪を考え、自分は神の恐るべき裁きの前にいると考えなければならない。また心の中では常に、福音書にある徴税人のように眼を伏せて「主よ、私は罪人であり、天上へ眼を上げるに値しません」と言わなければならない。また予言者と共に「私は四方の人に向かって頭を下げ、へりくだるようにしなければならない」と言うべきなのである。

そしてこれらすべての謙遜の段階を昇っていく時、修道士はあらゆる恐れを投げ捨て、神の完全な愛にひたるのである。彼は、かつては恐れなしには守れなかったすべての戒律を、労苦なしに、自然な習慣のように守れるようになる。もはやそれは地獄の恐れのためではなく、キリストに対する愛のために、良い習慣と徳の歓びとして行うのである。キリスト自身が彼の中に働き、その霊の力によって、悪徳と罪から浄められた彼を導くのである。神に対する愛、キリストに対する愛、深い誠実、この三つがベネディクトゥスの偉大な特色である。

修道院長は父

これに続くべき他のものがある。『戒律』は修道院長を、さまざまな呼び名で語っている。父、師、羊飼い、医師、執事などである。父と師は、修道院の活動領域のすべてを覆う意味を含んでいる。ベネディクトゥスにとって、修道院長は愛に溢れる父であり、父としての配慮と権威を示すものであった。また修道院長は師であり、彼の指導に委ねられた魂を熱心に訓育するものである。

ベネディクトゥスは、賢明で熱心な教師であったに違いない。彼は確信を持って、また権威を持って、豊かな霊的蓄えにより語っている。彼は必要な時は厳しさにこと欠かなかった。『戒律』は、彼がそのための学識を獲得するように自ら努力したことの証拠である。その学識とは、聖書と教父たちの研究であり、修道院長はそれをなすべきであるとベネディクトゥスは考えていた。彼が修道院文学の伝える伝統にも親しんでいたことも『戒律』から察知される。彼は伝統の人でもあった。けれども彼は、伝統の中に化石化してしまう人ではなかった。彼は修道制の先覚者たちから、最良の教えを抽出し、さらにそれらすべてを、彼自身の父のような慈愛と英知と中庸の精神の中に再生させたのである。このような精神に基づく指導の一端を示す物語が『対話篇』二巻一三章にある。

ベネディクトゥスの修道院にウァレンティニアヌスという修道士がいた。彼には一人の兄弟があり、平信徒ながら信仰熱心で、一年に一回モンテ・カシーノを訪れていた。そこで聖なる修道院長ベネディクトゥスの祝福を受け、自分の兄弟に面会するのを楽しみにしていたのである。彼はここへ来る旅の間、修徳のために断食することを約束していた。これは当時、熱心な一般の信徒に、どの程度の修練が課されていたかを示すよい資料でもある。ある時彼が、モンテ・カシーノへ向かって旅をしていると、途中で見知らぬ旅人と一緒になった。その人は食物を持っていた。しばらく一緒に歩いていると、その見知らぬ旅人が言った。「兄弟よ、旅で消耗しないように、一緒に食事をとりましょう。」平信徒は答えた。「とんでもない。私はそのようなことはできません。ベネディクトゥス様のところへ断食して行くのが、私の習慣ですから。」それから二人は互いに黙って歩いた。しばらくすると、見知らぬ旅人は、また一緒に食事をしようと誘った。そして平信徒はまた断った。二人はまた互いに黙って旅を続けた。長時間の旅をして、時刻も遅くなり、彼らが歩き疲れた頃、芝生と泉がある美しい場所に来た。見知らぬ旅人が言った。「ごらんなさい。ここには水があり、芝生があり、私たちが休むには快適な場所です。ここでしばらく休みましょう。そうすれば私たちは元気に旅を終えることができます。」平信徒は、その甘い誘いの言葉と、美しい場所にまどわされ、三度目の説得に負けて、見知らぬ旅人と食事をしてしまったのである。モンテ・カシーノの修道院に到着した平信徒は、いつもの通りに修道院長ベネディクトゥスの祝福を受けに行った。しかしベネディクトゥスは、彼が旅の途中でしたことについて尋ねた。「兄弟よ、旅の伴侶を装って、あなたに語りかけた悪魔に対し、二度まで抵抗したのに、三度目には屈したのはなぜですか。」彼は驚き、ベネディクトゥスが、遠く離れていながら、自分を見ていたようにすべてわかっていることを知った。彼は平伏して自分の弱さを認め、痛悔して赦しを求めたのである。

ベネディクトゥスは修道院長として弟子たちの指導者であり、その意味では師であったが、それ以上に彼らの父であった。『戒律』の中で、彼はしばしば「修道院の父」と言われているし、特にその冒頭では「慈しみ深い父」という表現で書かれている。

ベネディクトゥスは、修道院長になる者に、真の父の持つあらゆる愛と優しさ、そして配慮を要求する。もし手に負えない修道士がいた時には、一層このような態度をもって扱うようにしなければならない。罪人、病人、老人、子供の扱いに関する『戒律』の規定は、すべて愛情深い父の精神を示している。しかもその配慮は、修道院の壁の中に限られなかった。周囲の地域住民も抱擁するほど広いものであった。ベネディクトゥスは修道院の外の住民が困窮している時は、精神的にも肉体的にも助けるように努めたのである。

地域の住民への配慮

『対話篇』二巻二七章には、次のような話がある。教皇グレゴリウスは、この話をベネディクトゥスの弟子のペレグリヌスが語ったものとして伝えている。モンテ・カシーノの修道院の近くに住む、ある善良な男が、負債を負って困っていた。彼はベネディクトゥスのところへ来て、自分が十二シリングの負債のために、債権者にひどく苦しめられていることを話した。ベネディクトゥスは、その時十二シリングを持っていなかったので、その男を親切な言葉で慰めたあと、「行きなさい、今私はあなたにあげる物を持っていないから。そしてあと二日したら戻って来なさい」と言った。ベネディクトゥスは、二日の間祈りに没頭して過ごした。三日目に負債で苦しんでいる男が再びやって来た。その時突然、穀物を保管する箱の上に、十三シリングあるのが発見された。ベネディクトゥスは、それを全部男に与えて、十二シリングの負債を支払うようにと言い、残った一シリングは、自分の生活のためにとっておくようにと渡したという。

ベネディクトゥスの慈愛を示す話は『対話篇』二巻三一章にもある。それはゴート人の支配下のイタリアの社会情勢にも言及しているので、注目に値するものである。

トティラ王の時代に、ザラという名のゴート人がいた。凶暴な行動を行い、異端のアリウス派であったことから、正統派の教会の聖職者や修道士に残酷な行為をしていた。ザラに出会ったら、生きて逃れることはできないとまで言われていた。ある時、ザラは一人の裕福な農民の財産を掠奪しようとして、彼を拷問にかけた。その農民は苦しまぎれに、自分の全財産は、聖なるベネディクトゥスに預かって頂いていると言った。ザラが拷問を一時でも中止することを期待したのであった。ザラは拷問を中止し、農民の腕を綱で縛り、自分の馬の前に彼を追い立てながら、ベネディクトゥスのところへ連れて行けと命じた。彼らがモンテ・カシーノの修道院へ着いた時、ベネディクトゥスは、門のところで一人座って本を読んでいた。農民は修道院長を指さして、「これが私があなたに申し上げたベネディクトゥス様です」と言った。ザラは怒り狂いながらベネディクトゥスをにらみつけ、「お前が取ったこいつの財産を返せ」とどなった。ベネディクトゥスは読みさしの書物から眼をあげ、まずザラを、ついで農民を見つめた。その視線が農民の腕の上に落ちた時、その腕を縛っていた太い綱がゆるみはじめ、またたくまに解けてしまった。農民は一瞬にして自由になった。これを見たザラは、驚き恐れて地面に倒れ、ベネディクトゥスの足下に身を伏せて、自分のために祈ってくれるようにと頼んだ。ベネディクトゥスは読書を続けたが、弟子たちに、ザラを修道院の中に連れていってもてなすようにと命じた。そしてザラが立ち去る時、今後残酷な行為を止めるようにと諭した。ザラはうなだれて帰って行った。そして以後彼は農民たちを迫害しなくなったという。

ベネディクトゥスがトティラ王を装ったリッゴを見抜く。スピネロ・アレティーノ作、1387年、フレスコ、サン・ミニアト・アル・モンテの聖具室。

トティラ王との対決

これに類した話が、東ゴート族の王トティラとの対決を示した逸話である。『対話篇』二巻一四章から一五章にかけて語られている。当時トティラは、東ローマ皇帝ユスティニアヌスの送った東ローマの軍隊と、イタリア半島の主権をめぐって、激しい戦いをくりひろげていた。五四二年頃と推定されているが、彼はモンテ・カシーノの近くを進軍していた。彼はこの地に、有名な正統派の修道院があり、その修道院長ベネディクトゥスは、優れた預言の能力を持っていると聞いていた。異端のアリウス派に属し、不信心でもあったトティラ王は、この機会にそれが本当かどうか試してみようと考えた。

王はまずリッゴという剣持ちに、紫の衣を着せ、豪華な靴をはかせて王を装わせ、三人の侍従と多数の随行者を伴って修道院へ向かわせた。盛大な一行が修道院へ入った時、ベネディクトゥスは少し離れたところに腰掛けていた。リッゴを見たベネディクトゥスは「お前の着ているものを脱ぎなさい。それはお前のものではありません」と叫んだ。リッゴと従者たちは、みな震えあがって平伏した。彼らがことの次第を王に報告したので、王は自ら修道院を訪れた。すっかりベネディクトゥスに心服した王は、遠く離れて平伏し、再三立つように命じられても起きあがろうとしなかった。そこでベネディクトゥスは近づいて彼を助け起こし、自分を試みようとしたことを咎め、以後非道を慎むように諭したという。またベネディクトゥスは王の未来を預言し、彼がローマを占領すること、海を渡って征服地を拡げ、九年間統治するが、十年目に死ぬであろうと告げた。トティラはますます畏れて祈りを求めた。その時から彼はあまり残酷なことをしなくなったという。ベネディクトゥスの預言の通り、トティラはローマを占領し、シチリア島へも渡ったが、統治十年にしてその王国と共に命を失ったのである。『対話篇』二巻一五章には、この事実からしばらく後の、五四六年頃と思われる、トティラに関係したことが書かれている。ある時ベネディクトゥスは、信仰の友でカヌシウムの司教であったサビヌスと語り合っていた。トティラがローマを占領したという話に及んだ時、サビヌスが「ローマは蛮族トティラによって破壊されるでしょう」と言うと、ベネディクトゥスは答えて言った。「ローマは蛮族によっては滅ぼされず、嵐と雷光と竜巻と地震によって滅ぶでしょう。」　そしてその通りになったのである。

このトティラとベネディクトゥスの物語には、注目すべきことがある。ベネディクトゥスが並外れて鋭くものを見抜く能力を持っていたことである。この独特の分別（discretio）については、後にくわしく分析したい。この点で大きな神の賜物を頂いていたベネディクトゥスは、トティラの欺瞞を簡単に見破ったのである。また未来のことも、その時代の生き方に関係して、永遠といわれたローマの運命を的確に見通していたのである。

なお、トティラは東ゴート族でありながら、単に武勇に秀でていたのみでなく、名誉心も持っていた、と当時の歴史家プロコピウスが讃えている。また彼とベネディクトゥスとの出会いが、五四二年と推定され、ベネディクトゥスがその結果を預言したトティラの一回目のローマ占領が五四六年、トティラの敗死が五五二年と確定されることが、ベネディクトゥスの生涯の年代決定の唯一の根拠であることは、前述した通りである。

戦乱による困窮と飢饉

ベネディクトゥスのモンテ・カシーノにおける修道院生活が、しずかに進行しつつあった頃、一方では東ゴート族による上述のような戦乱や、掠奪が行われていた。疫病や飢饉もたびたび起こり、修道院とその周囲の住民たちにも危険や災いが及んでいた。このような環境の中で、ベネディクトゥスはその不屈の精神と仁慈をもって、弟子たちや困窮した近隣の人々を救い、善導したのである。

ベネディクトゥス、奇跡により小麦粉の袋を手に入れる。ソドマ、1505–1508年作、フレスコ画、モンテ・オリヴェト・マジョーレ修道院。

『対話篇』二巻二一章には次のような話がある。ある時、飢饉がカンパニア一帯をおそい、人々は食糧の欠乏に苦しんだ。修道院も例外ではなく、すでに小麦は尽き、パンもなくなった。修道士たちが悲嘆にくれているのを見て、ベネディクトゥスは彼らの弱い心を優しくたしなめた。そして次のように言って彼らを慰めた。「あなたがたはなぜそんなにパンの欠乏を嘆くのですか。今日はたしかにないでしょう。しかし明日になれば、たくさんあるでしょう。」そしてその通りに、翌日小麦粉を多量につめた袋が、修道院の門前に置かれているのがみつかった。この贈り物は誰がしたのかわからなかった。修道士たちは、神からの贈り物として感謝したという。欠乏のさなかにあっても、神を疑ってはいけないことを学んだのである。これはベネディクトゥスが修道士たちの飢えを、物的にも精神的にも救った話であるが、修道院外の人々に対するベネディクトゥスの態度を示すものもある。

『対話篇』二巻二八章には次のような話がある。やはりカンパニア地方を飢饉がおそい、ベネディクトゥスは修道院にあるすべての食物を人々に与えてしまった。納屋にはガラス瓶に入れた油が一つ残っていた。そこへアガピトゥスという副助祭が来て、油をめぐんでほしいと頼んだ。天に宝を積むためには、この世のものはすべて隣人に譲る決心をしていたベネディクトゥスは、最後の一瓶をアガピトゥスに与えるようにと命じた。しかし修道院の総務長（執事）は、その命令を聞いたけれども、実行をためらった。ベネディクトゥスが彼に、命じた通りに与えたかと聞いた時、総務長は「与えていません。そのようにしたら、修道士たちの分が全くなってしまいます」と答えた。ベネディクトゥスは怒って、他の修道士に命じ、最後の油が残っているガラス瓶を窓から放り投げさせた。窓の下はけわしい崖であり、ガラス瓶は岩の上に落ちたが、全く割れず、中の油もこぼれなかった。ベネディクトゥスは、修道士たちに命じてそれを取ってこさせ、アガピトゥスに与えた。そして総務長の不忠実と傲慢を叱責したのである。この物語は、ベネディクトゥスが修道院の自給自足を建て前としながらも、隣人に対する愛のためには、時にはそれを超える精神を持っていたことを示すものである。

『対話篇』に書かれている逸話

次の物語は、ベネディクトゥスが一所定住を強調して、放浪修道士を信用していなかったにもかかわらず、近隣へのキリスト教布教のためには、弟子たちを遣わして異教から改宗した人々のために奉仕させたことを示している。

『対話篇』二巻一九章は語る。修道院から遠くないところに、一つの村があり、ベネディクトゥスの勧告によって、異教の偶像崇拝から改宗した人々が多くいた。修道女も幾人か同じ場所にいた。ベネディクトゥスはその村に修道士たちを送り、新しく改宗した人々の教化と、修道女たちの霊的指導にあたらせた。ある時、一人の修道士が彼らのところに出かけて説教を行った。それが終わった時、修道女たちがお礼の印にと、一枚のハンカチをさし出し、贈り物として受け取ってほしいと言った。贈り物は一切受け取ってはならないという規定があったのに、修道士はそのハンカチを受け取って懐にかくした。彼が修道院に戻ると、ベネディクトゥスは彼を激しく叱責した。「どうして悪があなたの中に入り込んだのですか」と問われて、修道士は自分のしたことを忘れていたので驚いた。ベネディクトゥスは「あなたが修道女たちからハンカチをもらって、胸の中へ入れた時、誰も見ていなかったのですか」と言った。これを聞いた修道士は、すべてを思い出し、ベネディクトゥスの隠れたことも見通す眼力に驚嘆して、その足下に平伏して赦しを求めた。そして胸元からハンカチを放り出したという。ベネディクトゥスのこの肉体の感覚を超えた眼力は、彼の弟子たちにも受け継がれたらしい。

『対話篇』四巻九章には、その実例が語られている。ベネディクトゥスの弟子に、高貴な身分で学問もある二人の兄弟がいた。一人はスペツィオスス、もう一人はグレゴリウスとよばれていた。彼らは世俗にいた頃、大きな財産を持っていたが、それをことごとく貧者に分け与えて、修道士となったのである。ベネディクトゥスがテラチナに新しく修道院を建てた時、彼らは命じられてそこへ行き、生活することになった。ある時、スペツィオススは修道院の用事でカプアに遣わされた。そうしたある日、修道院に残っていたグレゴリウスは、他の修道士たちと夕食をとっていた時、突然脱魂状態に陥って幻を見た。その幻の中で、彼は遠く離れたところにいるスペツィオススの魂が、肉体から離れるのを見た。幻視の状態から覚めたグレゴリウスは、そのことを修道士たちに告げ、カプアへ急いだ。彼が到着した時には、スペッィオススはすでに墓場の中の人になっていた。グレゴリウスが幻を見たのと同じ時間に、彼は亡くなったのであった。この物語は、ベネディクトゥスの霊的な分別の力を、弟子たちも受け継いでいたことを示している。

上述の話から、ベネディクトゥスの修道院には、貧者や解放奴隷や改宗したゴート人のような富や学問に恵まれない人々もいたのであるが、身分の高い人々や、裕福で教養のある人々もいたことがわかる。彼らはみな平等に修道生活を送っていた。『戒律』二章には、「ほかに理由がない場合、自由身分の者を奴隷出身の者より優先させてはならない。なぜなら、われわれは奴隷であろうと自由身分であろうと、すべての人はキリストにおいて一体であり、唯一の主の下で等しい奉仕の重荷を負っているからである」と書かれている。

ベネディクトゥスの晩年

ベネディクトゥスがスビアコを去り、モンテ・カシーノに定着した時、彼はすでに壮年を過ぎていた。それから約十年の実りある活動がつづき、その間に創立された修道院は安定し、『戒律』も起草された。しかしそれは、成功につぐ成功というような平坦な進展ではなかった。嵐と衝撃に満ち、また障碍と破壊に直面しながら進展していったのである。ベネディクトゥスの修道院はこのような歴史の中で確立されたのである。六十を過ぎ、晩年を迎えたベネディクトゥスは、自分の修道院の前途について、決して楽観的ではなかった。『対話篇』二巻一七章には次のような話がある。

テオプロプスというある貴族が、ベネディクトゥスによって回心し、修道士となっていた。彼は常々修道院長との親しい交わりを楽しんでいた。ある日彼がベネディクトゥスの部屋を訪れると、修道院長が激しく泣いているのを見た。彼が驚いてその理由を尋ねるとベネディクトゥスは答えて言った。「私が建てたこの修道院で、修道士たちに提供されているすべてのものが、全能の神の定めによって、蛮族の手に渡される。しかし私はかろうじてこの修道院に住む人々の命だけは、救い出すことを許された。」このベネディクトゥスの言葉は、彼の死後、五七七年に生じたランゴバルド族による、モンテ・カシーノの破壊を預言したものであった。

ベネディクトゥスの姉妹のスコラスティカは、彼と同じように若い時から修道生活をしていた。モンテ・カシーノに修道院が創立された後、彼女はそこからほど遠くない所に、女子修道院を建てて修道生活をしていた。彼女は兄であるベネディクトゥスと霊的交流をしていたが、わずかに彼に先立ってこの世を去った。

『対話篇』二巻三三章は語る。スコラスティカは、年に一回ベネディクトゥスを訪れた。彼らの会合場所は、修道院の領地内で、門からは遠くないところであった。最後の訪問の時にも、いつもの通り彼らは共に祈り、夕食を共にした。この時、スコラスティカはベネディクトゥスに、天国の歓びについて、今夜は語り明かしたいと願った。ベネディクトゥスは、自分は修道院の外に泊まることはできないと言って、この申し出を断った。しかしスコラスティカが、手を組んで食卓の上に置き、その上に頭を垂れて祈ると、快晴であった天気が一変し、雷雨が襲ってきた。このため、移動ができなくなった両人は、霊的会話をしながら一夜を明かすことになったという。その三日後、スコラスティカは天に召された。この時ベネディクトゥスは、彼女の霊魂が天国へ昇って行くのを、彼の部屋の窓から見たという。『対話篇』二巻三四章によれば、ベネディクトゥスは感謝の祈りを捧げた後、修道士たちに命じて、彼女の遺体をモンテ・カシーノの修道院に運ばせて葬ったと書かれている。

ベネディクトゥスの死

姉妹スコラスティカの死後まもなく、ベネディクトゥスにも死が訪れた。『対話篇』二巻三七章によると、ベネディクトゥスは死の六日前に、自分の墓を掘るようにと修道士たちに命じた。彼は高熱を発した。そして六日目に、祈祷所へ自分を運んでくれるようにと弟子たちに頼んだ。そこで聖体を拝領し、それから自分の弱った手足を弟子たちに支えさせて立ち上がり、両手を天にのばして息を引き取ったという。まさしく聖人の最期であった。

その日、二人の修道士が同じ幻を見た。一人は修道院の中に、もう一人は遠く離れた所にいたのに同じものを見たのである。豪華なじゅうたんを敷き詰めた道が、修道院から東の空へとのびていた。その道は無数の燈火で照らされていた。尊い装いをした人が、その傍らに立って、これは誰のための道か知っているかと尋ねた。修道士が知らないと答えると「これは、主の愛し給うたベネディクトゥスが、天に登る道である」と言った。

ベネディクトゥスは、生涯の唯一の関心ともいうべき修道院の創立と、『戒律』の起草という仕事を達成した後に、没してモンテ・カシーノの修道院に葬られた。先に葬られていた姉妹スコラスティカ、すなわち血筋においてのみでなく、信仰と修道の道においても姉妹であった彼女の墓がその傍らにあった。

ベネディクトゥスの性格と『戒律』

『対話篇』の物語や、『戒律』の文面から、われわれは彼の人格や特徴を知ることができる。彼は若い頃から重厚で、敬神の念が強かった。修道院長としてのベネディクトゥスは、独裁的権力者ではなかった。権威ある人ではあったが、衝動や短気に駆られることはなく、周囲の助言にもよく耳を傾けた。彼は常に秩序を愛し、その実りである平和を求めた。彼の権威ある態度は、中庸と分別と寛大な思いやりで和らげられていた。彼は一人一人の能力を認め、これから修練によって成果を引き出すことに努め、またそれぞれの弱さや欠点にも温かい同情を示し、決して機械的で均一な扱いをしなかった。彼のうちには、単純素朴な信仰と人間的な分別があり、厳しさと優しさ、労働と祈りへの愛がみごとに調和していたのである。

『対話篇』の奇跡物語は、その中核として、ベネディクトゥスの修道院の基本的原理を含んでいる。すなわち、一所定住、従順、謙遜、慈愛、『戒律』遵守、摂理に対する信頼などである。モンテ・カシーノはあまりにも大きくなり、テラチナという分院もすでに建てられていた。しかし、忘れてはならないのは、ベネディクトゥスの書いた『戒律』は、モンテ・カシーノの修道院の生活を基本として作られ、修正され、完成されたものであって、当地の環境の産物であることである。

近年、ベネディクトゥスの『戒律』は、それに先行する『導師の戒律』を下敷きにして書かれたという、かつてジェネトゥによって提出された説が、ほぼ認められている。しかしこのことは、モンテ・カシーノを中心とする、ベネディクトゥスの生涯の探究が、『戒律』の精神を形成したという事実を変更するものではない。そしてまさにそれ故にこそ、ベネディクトゥスの『戒律』は、将来における西方修道制の普遍的規範となったのである。

第六章　ベネディクトゥスの『戒律』

『戒律』の資料

教皇グレゴリウス一世（マグヌス）は、『対話篇』二巻三六章において書いている。

「ベネディクトゥスが世の中で有名になったのは、多くの奇跡のほかに、教えの言葉について傑出していたからである。彼は分別（discretio）において優れ、表現において明快な、修道士のための『戒律』を書いた。」

ベネディクトゥスがこの『戒律』起草にあたって利用した資料の中で、主たるものは聖書である。次に重要なものは、カシアヌスとバシリウスの書いた修道戒律である。彼はパコミウスやマカリウス・マグヌスなど他の東方の教父たちの残した戒律や、ヒッポのアウグスティヌス、アルルのカエサリウスの『戒律』についても深い知識を持っていた。さらに彼は、アントニウスやパコミウスの伝記、ルフィヌス（三四五頃―四一〇頃）の『修道士たちの歴史』（*Historia monachorum*）、『修道制の祖師たちの語録』（*Apophtegmata Patrum*）、および他にも教父たちの多くの著作を読んでいた。特に五〇〇年から五二五年頃の間にローマの近傍で起草されたという『導師の戒律』（*Regula Magistri*）を眼前に置きながら執筆したということは、近年ほぼ確実とみられるに至っている。

『戒律』の構成

ベネディクトゥスは、序と七十三章からなる『戒律』の全部を、一気に書いたわけではない。モンテ・カシーノの修道生活に応じて、徐々に書きためていったものと思われる。それは全体に多少の矛盾や繰り返しがあることからもわかる。『戒律』の全体の構成は、大体次のように分類される。

序　文

一章　この『戒律』が、共住修道士のために書かれたこと。

二章―三章　修道院の統治、修道院長と修道士たちの会議について。

四章―二〇章　修道院の霊的生活について。

（四章から七章までは、善業、とくに修道院の中での従順・沈黙・謙遜による各人の人格形成が扱われ、八章から二〇章までは典礼と祈りが扱われている。）

二一章―七二章　修道院内の生活について。

二一章、二二章は、長老の修道士と寝室のこと。

二三章から三〇章までは痛悔規定について。

三一章から五七章までは、修道院内の種々の奉仕と日常生活のこと。

五八章から六二章までは、新加入者について。

六三章から六五章までは、修道院内の階層秩序について。

六六章と六七章は、外部との関係について。

六八章から七二章までは、修道院の団体生活上での問題が扱われている。

七三章　結びの言葉。到達すべき目標を明示している。

『戒律』の特色

ベネディクトゥス以前、修道制は東方の偉大な先駆者たちの教えによっていた。ヨハネス・カシアヌスは、この教えを定式化したかたちで西方に伝えた。けれどもその個人的禁欲競争や、定住性の欠如、団体的組織の不備は、西方の中庸と節度を好む気質にも、ヨーロッパの温和で、規則的労働に適した風土にも合わなかった。トゥールのマルティヌスのような例外を除けば、修道士ヨウィニアヌスや、修道生活を経験して司祭となったウィギランティウスのような人々の中にすら、過度の禁欲に対する反対があった。他方、ローマ帝政末期より、重税と身分的・地域的固定化の政策を厭う者が、放浪修道士となって、怠堕な遍歴生活をするばかりか、時には社会不安の種にまでなることもあった。かくて五世紀末には、ヨーロッパとくにイタリアでは、修道制は東方の残した余りにも重い伝統のもとで、崩壊の危機に瀕していた。ベネディクトゥスの『戒律』は、西方の諸条件と時代に適合した法典を与えることによって、修道制を救い、未来を照らす燈火となったのである。

この目的のために、彼は『戒律』に対する従順と、修道院に一生涯定住する誓いを立てることを要求したが、これは修道士の忍耐の徳を高め、修道院の持続性と定着性を保障することになった。また彼は、極端に厳しい東方風の禁欲を緩和した。そしてすべての修道士に『戒律』の命じる共通の生活態度を課し、特に上長の許しがない限り、義務として定められた以上の禁欲を禁じ、個人の安定した霊性の進歩にとっても、修道院全体の秩序の維持にとっても、危険な禁欲競争の習慣を切り捨てた。最後に彼は、上長の意志より『戒律』の法的原理を重んじ、修道院の基本的生活規範とするように定めた。ただし、『戒律』は、いわゆる固有の意味での法的規定ではなく、変化する諸条件に一致するように、分別のある修道院長の自由裁量により決定されるべき余地を残していたのである。

修練者と修道誓願

では、このように『戒律』の原則と修道院長の裁量によって導かれることに身を委ねようと決意した人々を、ベネディクトゥスはどのようにして受け入れたのであろうか。『戒律』五八章によれば、その許可の第一条件は、修道院への入院希望者を動かした霊が、神によるものか否かを見極めることである。そして彼らは修練者（novicius）となり、二カ月後、さらに六カ月後、さらに四カ月後の三回、計一年間にわたる試験を受ける。これを突破した者が、修道誓願を立てたのち、はじめて正規の修道士（monachus）として受け入れられるのである。この修道誓願は、「一所定住」（stabilitas loci）、「修道生活」（conversatio morum）、「従順」（obodientia）の三カ条から成る。修練者は、祈祷所（oratorium）で、修道院の人々全体の前で、神と諸聖人に対してこの誓いを立てるのである。この三カ条は、今日普通には、清貧（paupertas）・貞潔（castitas）・従順（oboedientia）と言われるが、それは十二世紀以降に現れるものであることに注意すべきである。

謙遜の重視

『戒律』を書くにあたって、ベネディクトゥスは、キリスト教徒を完全さへと教化するために、キリストが示した道へ人々を導くことのみを目標とした。したがって彼の『戒律』の中に、純粋なキリスト教精神以外のものを求めることはできない。ベネディクトゥスが、神との一致のために最も重んじたのは謙遜であった。謙遜は、完全の尺度である。『戒律』の中で述べられている謙遜の十二の段階は、神への上昇の標識となる。『戒律』の七章はこれを次のように示している。

一、神に対する畏れと敬い。
二、我意を愛さず、欲望・満足を求めないこと。
三、上長への服従。
四、困難や不義に対する忍耐。
五、悪しき思いや隠れた罪をすべて上長に告白すること。
六、簡素なものと、いやしい仕事に満足すること。
七、口先だけでなく、心でも己を無価値なものと考えること。
八、『戒律』と上長によって示される以外に何もなさないこと。
九、沈黙、尋ねられるまでは語らないこと。
十、大声で笑わないこと。
十一、謙遜に、言葉少なく語ること。
十二、心に謙遜を持つだけでなく、態度においてもそれを示すこと。

ベネディクトゥスの弟子たちは、神への讃美として『詩篇』を共同で唱え、霊的読書にふけりつつ、このような謙遜の段階を登っていき、生活の規範と徳を獲得するのである。十二世紀のシトー会士で、『戒律』の遵守を熱烈に説いたクレルヴォーの修道院長聖ベルナルドゥス（一〇九〇―一一五三）は、この謙遜の修道の成果を端的に示す『謙遜と傲慢の諸段階について』という美しい書物の中で、独自の謙遜の段階を語っている。これも『戒律』の教える霊性のみごとな開花と言えるので紹介したい。

ベルナルドゥスは語る。

「真理へ達する道はキリストである。そしてキリストの教えは謙遜である。われわれが真理を知ろうとする時、まず要求されることは、己を低くすること、すなわち謙遜である。謙遜とは、人が己を何であるか正確に知ることにより、己自身の眼でいやしい自分を見いだす徳である。この徳は、自分の心の中にある己を神へ向かって上昇させる段階である。ベネディクトゥスの生き方に従う者は、『戒律』の謙遜の十二段階が、日常生活の中でいかに行われるかを知っている。」

ベルナルドゥスは、この具体的な謙遜の修道が、心の中にいかなる変化を生み出すかを示すのである。それは三段階によって示される。

第一段階は、己の惨めさを知ることである。この裏返しは傲慢である。

第二段階は、憐れみである。われわれは己の悲惨さを知ると共に、己自身を憐れむ如く隣人をも憐れむのである。

第三段階は、観想である。そしてこの裏返しは隣人に対する蔑みである。

正義を望み、心を浄めて純粋に天上を観想するのである。この裏返しは悪への嗜好である。上述のようなベルナルドゥスの作品には、ベネディクトゥスの謙遜十二段階の成果が結実していると言えるであろう。

修道院内の生活

修道士たちの生活の根底が、謙遜の表現形式である従順であるとすれば、彼らによって選出される修道院長の権威は、修道院統治の基礎となるものである。彼はその統治において、独力に拠るべきでなく、選ばれた役職者たちに助けられ、その職務の重荷も彼らと分かつべきであるとされた。通常の問題については、長老たちの助言を重んじ、また重要な問題については全修道士の助言に耳を傾けるべきなのである。愛が修道院の全成員を結合させなければならない。なぜなら修道院長以下すべての者は共同で生活し、一切個人としての財産を持たず、生活の上で真の家族を構成しているからである。この意味で、個人としての清貧、すべての財産の共有は、修道院の家族的精神の最も確実な保障と言ってもよいであろう。

ベネディクトゥス以前の修道制の諸戒律が、禁欲的教えの脈絡のない列挙であったのに対して、彼の『戒律』は、実践的・倫理的な体系のある法典をなしており、修道院の組織と生活秩序のすべてを規定している。けれども彼の『戒律』の特色は、このような外面的形式だけではない。その内容においても顕著なものがみられる。彼の命じる禁欲は、以前のような実行の難しいものではなく、志向の純粋さに力点がおかれている。したがって、彼は苛酷でないもの（nihil asperum）、過度の負担とならないもの（nihil grave）を要求するのみである。彼が求めるのは、禁欲の達人の超人的な不眠・断食・孤独・柱上生活などの持続記録のようなものではない。それは衣食住のすべてにわたって、当時のイタリアの貧しい農民の生活水準とみてよいであろう。『戒律』はその限りにおいて、充分な睡眠、衣服、食物を与えている。ぶどう酒さえも許可している。夜間の聖務はない。修道士たちは八時間半の睡眠をとることができる。起床は季節により異なるが、極めて早く、日の出の前の暗いうちである。このため夜の短い夏には、早い起床を補うため昼寝をする。修道士たちは着替えの修道服を持ち、特別の許しによって外出する時は、より良い装いをするよう規定されていた。食事に関してつらいと思われる規則は、起床より正午、または午後三時までの断食である。ベネディクトゥスは、この点でも場合に応じて寛大な配慮を示している。ちなみに英語で正午を noon というが、これはラテン語の nona（第九時すなわち午後三時）に由来する。『戒律』で食事時間と定められた午後三時は、あまりに厳しい規定であったので、のちに修道士たちはnona（第九時すなわち午後三時）という名称はそのままにして、実際はsexta（第六時すなわち正午）に食事をとることにした。そのためにnonaが正午すなわちnoonを指すようになったのである。

中庸と常識

ベネディクトゥスは、禁欲のすべての領域について、個人的な壮挙をしりぞけて団体的規律への服従を命じる。特にこの点で、彼は東方修道制と縁を切ったのである。聖務の規則的実行とその簡素化についても、きわめて斬新であった。

一日七回の『詩篇』詠唱は、定時課にはおのおの三章に切りつめられ、晩課のみが四章であった。この日課を果たせば、一週間で『詩篇』全百五十章を詠唱できるのである。東方では、一日で『詩篇』全部を詠唱してしまうという過激な修道士もいた。またこれほどでなくとも一回に十二章唱えるというのが普通であった。ベネディクトゥスはまた、個人的な祈りは心の中で短く捧げるべきであり、ただ熱烈なものでなければならないとした。しかし労働と祈りは同時には行うことはできなかった。

以前の諸修道戒律は、貞潔の徳と女性の問題を長々と論じていた。ベネディクトゥスはこの点では、『戒律』四章でただ、貞潔を愛すること、肉欲にふけらないこと（castitatem amare;

desideria carnis non perficere）と語っているのみである。これは問題の軽視というよりも、それを当然のこととしているためであると同時に、細やかな配慮でもあると解釈すべきであろう。

労働について

労働の問題は、ベネディクトゥスの『戒律』の本質的特色を示すものである。彼は修道士たちが常に労働に専心していることを要求する。労働は霊魂の健康を保障するものだからである。『戒律』では、知的・肉体的労働の時間を合わせると、一日で祈りに割かれる部分の約三倍を占め、以前の修道士たち、特にパコミウスの修道院の人々と較べても、はるかに重要な要素となっている。肉体労働は、自給自足する修道院に役立つ野良仕事や手工業などである。ベネディクトゥスは、以前の修道士が行っていたような無意味な労働、すなわちあるものを作りあげ、それを壊してまた作るというような、単に人を仕事に縛りつけておくような労働は問題にしなかった。

ベネディクトゥスが創立した修道院は、当時の社会の中で衰亡していくローマ的都市文明の外に、新しく形成されつつあった農業的・閉鎖的なヨーロッパ社会を築くのに役立つことになった。彼は人間の超自然的目的を説くと同時に、宗教に基づく実践の社会的な模範を与えたのである。彼は権威と従順に基づく秩序が、社会にもたらす福祉を示した。またあらゆるかたちでの知的・手工業的・農業的な労働を、価値あるものとして教えた。当時の社会では、高貴な身分の者は働かないのが普通であったからである。

『戒律』による修道士の生活は、季節による変化もあり、日々の時間の割り振りは正確に固定化してとらえることはむずかしい。しかし大ざっぱに平均してとらえると、聖務に三時間半ないし四時間、霊的読書と講話に約四時間、労働に六時間半、食事に一時間、睡眠に八時間半である。これは確かに無理な苛酷な課業ではない。しかしやはり厳しい修道ではあったのである。

かつて私は、この時間配分をある友人に話したところ、彼は言った。「修道士がうらやましいね。われわれは八時間以上も労働しているよ。その上一日に四時間も本が読めるなんて天国だよ。」私はこれを聞いて言葉の持つ意味あいが、時代によって異なる程度の大きさに驚いたものである。現在われわれが用いている労働とか読書とかいう言葉を、そのままベネディクトゥスの時代にあてはめれば、この友人のような感想が出てくるのは当然である。けれども歴史的考察の主眼の一つは、現在と過去における言葉の意味内容の違いをつきとめ、時代における価値観の相違をつかむことにあるのである。

その観点から、ベネディクトゥスの時代において、労働という言葉が持つ意味について考えてみたい。ローマ帝国では、貴族はもちろん資産に恵まれた自由人はすべて、労働を忌み嫌っただけでなく、軽蔑していた。今日の如く「勤勉は美徳」という観念はまるでなかったのである。労働は奴隷か無産者のすることであった。金儲けや日々の生活の糧を心配する必要のない高貴な人々は、労働から解放されている誇りを持ち、学問にはげんだ。文法・修辞・論理・幾何・算数・天文・音楽の七つを、当時七つの自由学と言った。この自由という意味は、金もうけから自由である、すなわち労働しないという誇りを表現していたのである。したがってベネディクトゥスが、祈りかつ働けと提唱して、すべての修道士に肉体労働を課したことは、当時の人々に対して精神革命であった。ベネディクトゥスの弟子たちは、ほとんどが自由民であり、貴族出身の人も多くいた。彼らは俗世にいた時は全く労働をしたことがなかった。これらの人々が、奴隷の衣装とみなされていた粗末な服を着て野良仕事に出かけたり、手工業をしたり、料理や掃除をしたのである。彼らにとっての労働は、まさに苦行そのものであったと思われる。

時代は少し下るけれども、十一世紀頃、ロレーヌ大公ゴドフロワが、彼の弟で修道士となったフレデリックを訪れた時の話がある。大公は台所で皿を洗っている弟を見て、皮肉を言った。「これが伯爵の身分にとってふさわしい仕事なのかね。」弟は答えて言った。「大公よ君は正しい。私は主のために最も小さな奉仕をすることにより、自分に栄光が与えられると考えているのだ。」

霊的読書について

霊的読書とはどのようなものであったのであろうか。この問題に示唆を与える話が、ヒッポのアウグスティヌスの書いた『告白』六巻三章五節にある。回心を間近にひかえた三八四年、彼はミラノの司教アンブロシウスに師事していた。ある日師を訪れた彼は、本を読んでいるアンブロシウスの姿を見て驚嘆した。それは師があまり熱心に読書に没頭していたからではない。師が一切声をあげず、ひたすら黙読していたからである。古代ギリシア・ローマの世界では、黙読は一切しなかった。当時の読書とは修辞学のためであって、精神の糧を養うためとか娯楽のためではなかった。したがって読書とは、政治・法律・社交の場において雄弁をふるうために、自分で音読したり人に読んでもらったりするものであった。このような習慣の中にいた人たちが、『戒律』にあるように一日四時間も霊的読書のために黙読するようにと言われたらどうであろうか。しかも読む本は、聖書と教父や神学者の書いたもの、それに修道者の言行録などである。少し時代が下るが、修道士が異教徒の文学書を図書館から借り出す時、耳をかくしぐさをして見せたという。つまり異教徒を犬に見立てて、その書物を読む自分の恥を示したという。当時には息抜きになるような世俗の書物など修道院にはなかった。霊的読書とは、まさに霊魂の修練であり、労働以上に苦しい修業であったと思われるのである。

このように見ると、『戒律』における労働と霊的読書は、現在の感覚とは異なるものであることがわかる。世俗の軟弱な精神しか持っていない人々では、とうてい耐えることは難しい。修道生活では、これに聖務である『詩篇』詠唱が四時間ほども加わるので、実質的には、十四時間もの労働をすることになる。これでは中庸を重んじる『戒律』の精神からみて、少々苛酷ではないかとも言えるかもしれないが、ベネディクトゥスは「怠惰は霊魂の敵である」（『戒律』四八章）と深い洞察をもって答えている。神の前に完全な徳を得ようと願い、異教的な都市の歓楽を捨てて来た人々にとって、修友たちと助け合いながらこのような生活に身を捧げるのは、困難なことではなかったのである。

修道院の食事について

このような厳しい祈りと労働の生活を支える、修道士たちの食事はどんなものであったのであろうか。『戒律』に書かれている飲食の規定は、贅沢なものではないが、それ以前の東方修道制において一般的であった断食修業とは極めて異なっている。『戒律』三九章によると、食事は大斉日には一日一回であるが、普通の日は一日二回である。その内容は煮物二皿、果物または野菜一皿である。獣肉は禁じられているが、鳥や魚は許されていた。またパンは一日一リブラが与えられる。ローマ帝政時代に一リブラは約三百グラムであった。これは一日に四時間の聖務、六時間半の労働、四時間の霊的読書という活動に充分耐えられる量が確保されているとみてよいであろう。ぶどう酒は東方修道制では厳禁されていたが、『戒律』四〇章によれば、一日一ヘミナのぶどう酒が与えられている。これはローマ帝政時代の度量で、今日の約〇・三リットルである。またモンテ・カシーノ以外の地に修道院が建てられた場合を想定して、ぶどう酒を産出しない地方では、水でがまんすべきであると書かれている。ぶどう酒の過飲に対する戒めは厳格そのものである。しかし一日〇・三リットルのぶどう酒は適量であると言えるであろう。

『戒律』の飲食規定には、その適切さにおいてベネディクトゥスの常識が明瞭に表れている。しかし彼は常識といえども、場合によっては破られてもよいと考えていた。たとえば病気の人には獣肉を食べさせたり、はげしい労働の時は煮物を三皿か、規定以上のものを与える可能性を示唆している。そしてこのような場合の判断は、聖霊の導きにより、修道院長の信仰に基づく決断によるのである。ベネディクトゥスは修道士たちの指導においても、信仰をもって常識を完成する立場に立っていた。宗教的厳しさを要求すると共に、それを可能にする条件を常に考えていたのである。

第七章　ベネディクトゥスの『戒律』における宗教的教育理念

修道院と学校

ベネディクトゥスの修道院における宗教的な教育を考える場合に、われわれはこれを二つに分けて考えなければならない。修道院に託された児童や年少者に対する教育と、修道院全体が一種の学校であるという広義の意味での教育についてである。

まず広義な意味での教育を考えてみたい。『戒律』の序の冒頭で、ベネディクトゥスは、「子よ、師の教えに耳を傾けよ」（Ausculta, o fili, praecepta magistri）と修道士たち全員に呼びかけている。

言葉の意味について

ここに現れる師（magister）という言葉は、六世紀の用語では軍隊の指揮官（magister

militum）という意味で、特に東ゴート王の地位を示すのに用いられたり、官僚の長官（magister officiorum）という意味で用いられたりしている。また教え（praecepta）という言葉も、軍事的な命令や指揮を示す意味で古くから使われていた。五世紀にはヴァンダル族の中で、王の命令（praecepta regis）という意味にも使用されている。ベネディクトゥスが、このような軍事的意味合いをも含んだ言葉を冒頭の句に用い、まるで軍隊の指揮官が兵たちに呼びかけているようなのは、もともと修道士たちは悪魔の軍団と対決していたと解釈されるからである。その意味で、彼らは軍人（miles）と呼ばれていた。ベネディクトゥスは穏和な人格の中にも戦闘的精神に燃えていたと言われている。教皇グレゴリウスの『対話篇』にも、悪や誘惑に対して断固たる態度をとる、ベネディクトゥスの姿が描かれているし、『戒律』にもしばしば用いられる修練（disciplina）という言葉は、軍事訓練という意味もあった。一般的にキリスト教徒は、異教徒の持っていない信仰という装備を持っていたので、「キリストの戦士」（miles Christi）と言われていた。

この『戒律』の冒頭の句に続くくり返しの言葉、「慈悲深い父の勧告を進んで受け入れよ」（admonitionem pii patris libenter excipe）は、父の子に対する訓戒という意味合いをこめている。すなわち修道院は、修道院長という家父長（paterfamilias）を頂く、ローマ的な意味での家族（familia）なのである。ただしその家族は、当時のローマ社会の家族のように奴隷や解放奴隷や隷属民などは含まず、ただ慈しみ深い父に教え導かれる子供たち、すなわち修道士たちがいるだけなのである。注目すべきは、この冒頭の「子よ、師の教えに耳を傾けよ」という句が、『格言の書』四章二〇節の「わが子よ、私の言葉に耳を傾けよ」(Fili mi, ausculta sermones meos) を下敷きにしていることである。したがってベネディクトゥスの修道院は、父と子たちという関係に近い組織だった。さらに言えば、『戒律』冒頭の句は、それに続く優しい想像をかきたてる句との調和から考えると、上述したような軍事的・戦闘的意味よりも、ごく普通の教師が愛する弟子たちに呼びかけていると解釈した方が適当と思われる。

ちなみに、ギリシア・ローマの社会においては、家父長は家 (familia) の成員、特に自由人である子供の教育に対して、その教育を依頼していた学校の教師や、家庭教師である解放奴隷よりも、究極の責任を負っていた。ベネディクトゥスが影響を受けた、バシリウスの『勧告の書』(*Admonitio*) の序にも、ただ「子よ、お前の父の勧告に耳を傾けよ」(Audi fili admonitionem patris tui) とのみある。また同じようにベネディクトゥスが特に影響を受けたと言われる『導師の戒律』の序にも、「まず読み、ついで私の言うことに耳を傾けよ」(O homo, primo tibi qui legis, deinde et tibi qui me auscultas dicentem. . .) とある。

『勧告の書』や『導師の戒律』のような源泉も、軍隊の指揮官の呼びかけというような色彩は薄く、むしろ師弟関係の連想を色濃く持っている。したがって、ベネディクトゥスの『戒律』の冒頭の句も、同様の意味で読むべきであろう。

修道院は学校

ついで修道院全体を学校と見る根拠となるものが、同じ序文にある。「したがってわれわれは、主に奉仕するための学校を建設しなければならない」（Constituenda est ergo nobis dominici schola servitii）という文章である。実は『戒律』の序文のこの部分は、二つの基本的写本といわれる「オクスフォード写本」と「ザンクト・ガレン写本」のうち、後者のみに記載されており、そのために原典批判上の問題にもなっている。けれども多くの学者たちは、この部分は最初から原典にあったと解釈しているので、これに従って論を進めることにしたい。問題はこのschola——英語のschool——という語に軍団（militia）という意味が当時のローマ社会であったということである。これも『導師の戒律』との関連で考えてみるべきであろう。そこではscholaという言葉がくり返し学校の意味で用いられており、これは疑う余地がない。また同書では、修道院という言葉もくり返し学校の意味で用いられていることにも、注目しなければならない。これ以前の著作にも、修道院をscholaと呼んだものがたくさんあった。たとえばリエのファウストゥス（四九〇から五〇〇頃没）は、レランの修道院をさしてscholaと呼んでいる。ただし当時の人は教会も修道院と同様にscholaと呼び、そこに区別をつけなかった。アルルのカエサリウスは、修道院と教会とをscholaという言葉で混同して、「全世界で教会でも修道院でも唱えられる『詩篇』」とか「聖職者たち、あるいは修道院長たちについて」などと述べている。

『導師の戒律』の著者も、教会が修道院と同様にscholaと呼ばれているのを知っていた。けれども両者は、祈りの家という外見は似ているように見えるが、本質的には異なった団体なのである。修道院は、ただ在俗の教会とは異なるというだけではなく、また神への特別な奉仕をするからでもなく、まさに学校であることが一般の教会との違いなのである。修道院では、神への道の途上にある弟子たちが、熟達した教師から教えを学び、おのおのが永遠の生命へ巣立っていく、文字通りの学校なのである。このような意味で『導師の戒律』の著者は、修道院をscholaと呼んだのである。ベネディクトゥスの『戒律』では、scholaという言葉は一回しか出てこないが、『導師の戒律』の数多くの用例からみて、その意味は明らかである。

『戒律』の教育的口調からも、その裏づけは得ることができる。たとえば、六章の「なぜなら語り教えることを師に委ねよ。黙し聞くことが弟子にふさわしい」(Nam loqui et docere magistrum condecet, tacere et audire discipulum convenit) などはその典型である。なお、カシアヌスは共住修道院をscholaと呼び、それを隠修士という、より高い段階への準備であると考えたが、『導師の戒律』はそのような意味を採用していない。共住修道院はすでにそれ自体が、完全をめざす学校なのである。

『戒律』の一章に、ある隠修士の叙述がある。彼は共住修道院で修練を積んだのち、荒れ野に赴いて孤独で悪魔と闘うが、彼は共住修道士より高い地位を認められてはいない。ベネディクトゥスによって導入された労働の強調は、荒れ野へ悪魔の軍団と闘いに行く必要を取り去り、修道院内での生活にとどまることを可能にした。彼は自分が若い時代に捨てた古典的な文法・修辞・法律の学校に代わる宗教的な学校を、自分の創立した修道院に意識的に対置したといえる。古代の人間形成をめざした異教的パイデイア（教育）に代わり、模範的なキリスト教徒の教育を、農村に確立しようとしたのである。

幼年者の教育

修道院全体が学校であるという一般意識のほかに、前述したように修道院には、幼年で託された者に対する教育があった。修道院が子供を受け入れて教育するという習慣は、なにもベネディクトゥスに始まったことではない。すでに東方のパコミウスやバシリウスの時代から、聖書を題材に読み書きを教えられていた子供たちがいた。その多くは成人して一人前の修道士となったが、なかには世俗に戻る者もあった。後者の存在は、修道院生活の妨げにもなり、また当人にも職業生活の知恵を学べないまま世俗社会へ出るという不幸にもなるので、四五一年のカルケドン公会議によって、禁じられることになった。したがって、『戒律』で扱われているのは、修道志願児童たちばかりである。

古代の子供の教育

一般に異教の時代、古代ギリシア人やローマ人は、子供に独自の人格を認めなかった。彼らを教育するのは、成人した人間にするためであった。子供独自の美点を認めることなく、成人として規格に合った教養と品性を厳格に押しつけることにあった。

アリストテレスの『ニコマコス倫理学』五巻六章に、父と子の関係について、現代の人なら驚くような見解が述べられている。すなわち、父は子を超越している。正・不正は法律によってである。そして法律は独立した自由人同士の間にある。しかし子供は、奴隷が主人の所有物であるのと同じように、父の物である。子供はいわば父の一部なのである。したがって父と子の間には法律はなく、正・不正もない、というのである。子供は成人して独立するまでは、父の奴隷か家畜と同じで、人格はおよそ認められていなかった。このアリストテレスの子供観は、古代社会において一般的であった。

このような時代に子供の教育がどのように行われていたか推測できるであろう。プラトンの『法律』七巻一四章には、子供の教育について次のように述べられている。

羊が牧者なしに生きてはならないように、子供は養育者なしには生きてはならない。子供はすべての動物の中で最も手に負えないものである。子供は無規律な上に、他の動物をはるかに超える知能を持っている。子供はいわば悪賢い危険な動物である。彼に対してはあらゆる種類の徹底的な教育を施すことによって、都市国家の成員になるように強制しなければならない。それにはまず、母親と乳母によって、ついで養育係（家庭教師、多くは家内奴隷や解放奴隷）によって、さらに学校の教師によって教育させなければならない。そして都市国家の自由な成員である父親は、自ら罰をもって子供の教育にのぞむと同時に、教育にあたる人々をも厳重に監督しなければならない、というのである。

このプラトンの教育論からすれば、子供は飼い犬が躾けられるように、罰と強制に駆り立てられる。そこには子供自身の持つ自発的な資質の発展はない。異教的な古代世界では、子供の人格、美質、長所を積極的に伸ばす教育は認めていなかったことは明らかである。実際には、子供が大事にされたり、優れた教育が与えられたりした個々の場合はあるであろうが、少なくとも、子供の人格と独自性を高く評価して、それを教育に生かそうとは考えられていなかったことは承認しなければならない。

キリスト教の子供観

キリスト教の時代になると、この点で価値観の変化が生じてくる。その源となったのは、キリストの言葉である。聖書の中に「子供のように神の国を受け入れる人でなければ、決してそこに入ることはできない」（マルコ一〇・一五）とある。すなわちキリストは単純素朴な幼児を愛し、自分の掟に従う者の模範としたのである。

それについては、キリスト教の古代史の中に、いくつかの注目すべき事実がある。その一つは三七四年、ミラノの司教の選出が難行した時、「アンブロシウスを司教に！」という子供の声で、事態が決着したという話である。またもう一つは、アウグスティヌスがキリスト教への回心の直前に迷っていた時、子供の歌声を聞いた。それは「取りて読め」と歌っていた。彼はすぐ聖書を開いて読み、その文句によって決心したという。

キリスト教的な教育の先駆である修道院学校が発達してくると、この子供尊重の傾向は、より明瞭になってくる。修道院の教育者たちは、幼児に対する尊重から生じる深い心理的理解によって、いたずらに厳しい罰を科することをやめ、年齢と資質にあった細やかな方法で指導するようになった。なかでもベネディクトゥスの幼児教育は、この点できわだっている。

『戒律』三七章には、老人と共に幼児に対して、自然のいたわりと、規律の厳しさの緩和を述べている。また三〇章には、幼少の者に対し、その年齢と理解の程度に応じた対処を与えるようにと述べられている。ただし、心理的な罰が理解できない幼児が罪を犯した場合には、断食や鞭打ちによる矯正が必要であるという。七〇章には、児童は十五歳までは、すべての者から躾を受けるが、充分な分別を持って扱われなければならない、と述べられている。このような細かい配慮には、その基本に児童の人格に対する高い評価が存在するのである。

『戒律』六三章では、旧約聖書の記事、『サムエル記上』三章と『ダニエル記』一三章の例を引いて、幼いサムエルとダニエルが、長老を裁いたという先例をあげ、幼児の曇りのない判断を尊重するように勧めている。最も重要なことは、『戒律』三章にある修道院の会議についてである。それほど重要でない会議では、長老のみ召集すればよい。しかし重要な問題が起こった時は、修道院の全員を召集しなければならない、となっている。その理由は「主はしばしば、より若い者に、より良いことを啓示し給うからである」とある点に注目したい。

このようなベネディクトゥスの、若い者に対する尊重と、適切な指導は、人の行動を注意深く見分ける思慮分別によると共に、聖書の基本的精神から発するものであると言えるであろう。

『戒律』と知的教育の育成

ベネディクトゥスが構想したキリストの学校である修道院において、彼はどのような文化的・知的素材を弟子たちに与えることを望み、また与えることが可能であったのであろうか。

『戒律』七三章によれば、彼はキリスト教古代の、宗教的著作とその中に吸収された文化的素材を、すべて受容し発展させようとしている。その意味で、彼は真理の探究と知識の拡大に熱心であった。彼は自分の尊敬する教父や修道士たちのとった路線に遅れをとることはなかった。修道制の初期における学問の発達は緩慢であった。『修道制の祖師たちの語録』(*Apophthegmata Patrum*)に出てくる人たちの多くは文盲であって、聖書の知識も朗読により伝達された。けれどもパコミウスは、修道士たちに聖書と使徒の伝承を正確に知るように勧めている。バシリウスはその著『大戒律』の中で、彼自身の高い学力に基づき、若者の教育に専念している。

西方では、特にヒエロニムスが、修道士の教養を歓迎する態度をとった。カシアヌスのもとでは、すべての修道士は、私物化しないという条件付きで、書き板・筆・書物を使用している。ベネディクトゥスは彼らを超えて、毎日一定時間の読書を義務づけたのである。彼と同時代のカッシオドルスは、カラブリアのウィウァリウムの修道院に大量の書物を集め、計画的な学問研究と写本を奨励している。

ベネディクトゥスには、特別な研究活動の指針や、教養素材の指定や、写本などについての言及はない。もっぱら共同の『詩篇』詠唱(『戒律』八―二〇章)、霊的読書と肉体労働(『戒律』四八章)を語っているのみである。これはベネディクトゥスにおける学問が、霊的向上の目的に集約されていたためと思われる。カッシオドルスのように、アウグスティヌスの『キリスト教の教え』（*De doctrina christiana*）の指示に沿った聖俗の学の総合を志す計画にふける余裕がなかったからであると言えよう。だが当時すでに、キリスト教に吸収された古代的な文化の素材がかなり豊富であったことを考えれば、その霊的読書で得られるものだけでも、充分な教養であったと考えられる。

霊的読書

『戒律』の中では、聖書の完全な習得が勧められている。それと同時に読まれていたものは、ラテン教父たちの著作、ラテン語訳のギリシア教父の著作や諸修道戒律、教会会議の記録、殉教録などであった。きわめて広範囲な蔵書が、ベネディクトゥスの修道院の図書館にあったことがうかがえる。ベネディクトゥスは弟子たちに、読みはじめた書物の完全な精読を勧めている（『戒律』四八章）。彼自身もこれらの書物を熟知していたと考えられるし、また若い時に古典学校で学んだ記憶と思われる異教作家サルスティウス（前八六―三四）などの引用もある。『戒律』は、俗語ラテンに属する文章で書かれ、古典文体から逸脱してはいるが、修辞学的技巧のあともうかがわれ、作者が決して無学な人ではないことを示している。

「怠惰は霊魂の敵である。修道士たちは一定時間は肉体労働に、また一定時間は霊的読書に専心しなければならない。」『戒律』の四八章にあるこの箇所は、有名な言葉である。上流階級出身の多い修道士たちにとって、肉体労働が激務であったと同時に、霊的読書も黙読であったため、教養人であっても真剣な緊張を要したことは、前述した通りである。加えて霊的読書を行う際の態度に関して厳しい規則があった。

「本を読もうとする者は、他人を騒がせないようにしなければならない」(『戒律』四八章)。これは、黙読のための念入りな注意といえる。のちの伝えによれば、音読になれた修道士たちは、音声を出さずに唇だけ動かしていたという。またここには当然、読書時間中の私語の禁止がうかがわれる。霊的読書がいかに重んじられたかは、これを怠った者には罰が科せられていたことからもわかる。だが肉体労働については、あまり過度になった場合には、むしろ軽減されていたのである。

霊的読書のほかに、代表者が朗読する共同の読書があった。朝課の間、終課の前、食事の間に行われる。代表して朗読する者は、位階の序列には関係なく、聞く者を教化する能力を持つ者が選ばれた。このように絶えず聖書や教父の註釈書に接することは、特別な学問研究者でなくても、与えられた知識の内容をよく消化した宗教的な教養人を生み出す結果になったであろう。

図書館と写本室の存在

多数の修道士による、毎日の長時間にわたる読書には、かなりの量の書物の所蔵と保存を前提とする。『戒律』四八章には一カ所だけビブリオテカ（bibliotheca）という言葉がある。図書館とか図書室とか訳されるが、そうではなく、これは九分冊に分けられた聖書の写本を意味するという解釈が有力である。すると図書館の存在は、『戒律』には語られていないことになる。それはむしろ、その存在を当然のこととして、述べられていないと考えるべきかもしれない。

さらに『戒律』二一章に、修道院の人数が多い時には、十人長（decani）を任命するようにという記述がある。また二二章にも、十人ないし二十人の修道士が、長老たち（seniores）に監督されて一緒に眠る、という叙述がある。これらのことから、かなりの人数の修道士がいることがわかり、彼らがそれぞれ長時間読書していたとすると、大量の書物が必要になり、そのためには図書館はもちろん、写本室（scriptorium）もあったと推定される。写本は、ベネディクトゥスが影響を受けている先達のバシリウスやカシアヌスなど、彼以前の多くの修道院の特技であったことからも、写本室の存在は、ベネディクトゥスの修道院にもあったと思われるのである。

『戒律』五七章には、「修道院で技術を心得ている者（artifices）があれば、完全な謙遜のうちに（cum omni humilitate）その業（artes）をなすべきである」という叙述があり、当時高等技術であった写本が行われていたことを暗示する。また、『戒律』五五章には、修道士の必需品として、筆（graphim）・書き板（tabulae）などがあがっているが、それらは単に児童や初心者のためだけの物とは考えられない。

『戒律』五八章には、修道院に入ることを希望した者は、修練者としてまず「学ぶべき」（meditent）であると述べている。この語を名詞型になおすと meditatio であるが、これは当時の修道院用語で、高度の観想を示す言葉であった。また一方ではここで用いられているように、「準備的学習」「『詩篇』詠唱の学習」をも意味した。これは、修練者や修道志願児童たちにも課せられたことは間違いない。この学習は単に音読するだけではなく、一九章にもみられるように「よく理解して『詩篇』を唱えよ」（psallite sapienter）という程度まで進歩するように要求された。『戒律』四章の「聖なる朗読に喜んで耳を傾けよ」という要求も、聖書の内容に対する深い理解を必要とするものである。これらの箇所は、ベネディクトゥスが若者たちの禁欲的・倫理的進歩のみでなく、精神的教養の深まりを重視していたことを示している。

『戒律』六四章では、新たに選出された修道院長が、最高の教育者として、教えを与えるよう指示している。彼は修道士たちのために、聖務および食事の際の朗読、個々の学習のための読み物を選定しなければならない（『戒律』一七章・三八章・四二章・四八章・四九章）。また彼は、朗読されたものの難解な箇所を説明しなければならない（『戒律』三八章）。このように高度で多面的な学識は、若い時からの組織的で厳格な学習をもって、はじめて可能なものである。ここには、もっぱら宗教書の熟読を通じてにせよ、それらが内包している自然的・知的教養をも取り込んでの完全な人間性が、超自然的目的へ向かっての歩みと共に展開されているというべきであろう。

『戒律』における教育者の権威と特質

一般に教育の基礎は、強く、豊かで、経験を積んだ人格から生じる。『戒律』では、そのすべての指導力は、修道院長から発している（『戒律』二章・三章・四章・五章）。修道院長は無条件に全責任を負う教育者である。ベネディクトゥスは修道院長の権威を、キリストの代理者という最も強い理由により支持した（『戒律』二章・四三章）。

『戒律』は修道院長に、修道院内のすべての権威を移譲している（『戒律』三章）。その教育は、強制とか一方的な命令によるものではなく、自由と寛容と理解があるものであった。教育者としての修道院長は、基本的には、「恐れられるより、愛されることを求めるように」（『戒律』六四章）と言われている。ちなみにこの言葉は、『君主論』を書いたマキャヴェリ（一四六九―一五二七）の「君主は愛されるより、恐れられる方がよい」の正反対である。修道院長の父としての性格は、キリスト教的な人間性と教養・道徳を持った権威者であり、異教的な独裁権を持つ家父長ではなかった。修道院長と修道士は、良き父と子、教師と教え子の関係にあった。罰についても、父としての高貴な人間性があり、公正と愛と寛容の調和したものであって、決して残酷な暴力の使用ではなかった。

修道院長も『戒律』の下にあり、家父長的だが民主的でもあって、絶対的君主ではなかった。大修道院の場合、修道院長の権威は、賢明な長老たちに分与されなければならない（『戒律』二一章・六五章）。修道士たちの間での上下の順位の遵守や仕事の分担が、修道院長の権威の及ぶ範囲を延長して細部にいたるまで、秩序を及ぼすのである（『戒律』七一章）。

教育者としての修道院長

教育においては、教育者自身の高潔な人格と堅固な志が重要である。『戒律』二章には、「修道院長は、教師として二重の意味で弟子たちの前に立たなければならない。すなわち言葉よりは行為によって、すべての善きこと、聖なることを示さなければならない。理解のよい弟子たちには、言葉によって主の戒めを説明し、強情で単純な者には、態度によって神の教えを示さなければならない。弟子たちに避けるように教えたすべてのことを、自分の行為をもって教え、悟らせなければならない」と述べられている。

教育者は、自らも良く教育された、成熟した人物でなければならないが、さらに永遠の裁判者の前で、教え子たちの責任を負う決意も、持っていなければならないのである（『戒律』二章・六三章・六四章）。

『戒律』における教育のありかたと目標

ベネディクトゥスは、若者たちが人間らしく生活するように指導する。ごく若い時期には、基本的な教育を与える。また肉体労働を通して、生きる道を学ぶようにする。閉鎖的な経済は、勤勉、節約、手工業的能力の習得を助長する。また修道者としての信仰と、それにふさわしい礼儀作法を身につけるように指導する。聖務の際のみでなく、常に姿勢や表情、声の響きなどにおいて、謙虚な態度を示すように要求するのである。

このような外面的な教育と共に、内面的教育にも重点がおかれた。最も重要なのは祈りである。それは宗教的・倫理的な志向を吹き込むためであり、このために『戒律』でも八章から二〇章までの大部分を割いている。特に、『詩篇』は神へ向かう人間のあらゆる姿を示した歌であり、これに常に心を浸すように配慮している。全体で百五十編の『詩篇』を毎週唱えるようにしなければならない。その詠唱において精神は声と一致しなければならず、機械的な唱和は避けなければならない。そのためにも、これに加えて霊的読書が厳しく課されるのである。

祈りの深まりと共に、謙遜（『戒律』七章）、従順（同五章）、純潔（同四章）、沈黙（同四二章）、すべての人への敬意（同四章）、節度（同四一章）が付いてくる。このような志向を若者たちの心の中に入れるために、修道院長は日夜彼らから眼を離さず、共にあった（『戒律』二二章・四八章）。また修道院長は、彼らに対する不健全な不信に陥らないようにしなければならない。

外界からの有害な影響を防止するため、書簡の検閲（『戒律』五四章）と、修道院内への立ち入り禁止が行われた。もし、修道院自体の中に危険の源があった場合は、躊躇なくそれを断ち切った。「一匹の病める羊が、群れ全体を感染させてはならないためである」（『戒律』二八章）。これらすべてにおいて、ベネディクトゥスは、修道院長が、自然な良識と超自然の恩寵による霊を見分ける力、すなわち分別（discretio）を用いて、各々の人とその行為に対処し、弟子たちの肉体と霊魂を救霊へと導いていくことを望むのである。

ベネディクトゥス以前の修道院の教育は、もっぱら宗教的な目的のみであった。しばしばそこでは、自然的・人間的要素が欠けていることがあった。過度の禁欲や厳格な罰則があり、聖なる奇形としか言いようのないもの、天上への志向にふみにじられた自然があった。そこには堕落したローマの都市文明からの逃避はあったかもしれないが、現世的善の創造は、少なくともなかった。ベネディクトゥスの修道院教育も、宗教的なもの、超自然的なもの以外に目標があったとは思われない。しかし彼は、超越的な神と、人となった救い主キリストの追求の途上に、地上の障害物とそうでない物とを、冷静に慎重に見分けていたように思われる。そして弟子たちを素朴な自然の世界の中で、危険のない教養の素材を通して、超自然に達する道へと導いて行ったのである。これが彼の修道院であり、キリストの学校であった。

ベネディクトゥスが志したものは、単なる脱社会運動ではなく、宗教的なものを求めて新しいキリスト教的な農村社会を建設することであった。堕落した古い都市社会から離脱して、自然の中に教養を求め、その上で超自然に包まれた人間の本性を取り戻そうとした。このように超自然的なものに濾過され、その中に包まれた人間本性と教養への教育を、われわれは一種のキリスト教的ヒューマニズムと呼んでよいのではないだろうか。

第八章　ベネディクトゥスの『戒律』における「分別」の理念

「分別」(discretio)

前章でわれわれは、ベネディクトゥスが起草した『戒律』の中にみられる教育理念について考察した。そしてこの中核にふれる時、常に「分別」(discretio)があった。ベネディクトゥスの唯一の伝記作者である、教皇グレゴリウス一世(マグヌス)は、その『対話篇』二巻三六章に「彼(ベネディクトゥス)は、修道士のために分別(discretio)において優れた戒律を書いた」(. . .scripsit monachorum regulam discretione praecipuam)と述べている。ベネディクトゥスの最も良き理解者であった教皇が、『戒律』の基本的精神を「分別」(discretio)という一語で表しているのである。われわれは、『戒律』について語る時、この言葉の持つ意味を徹底的に究明しなければならない。

discretio の意義と歴史——古典的伝統

discretio という言葉は、「分別」と訳されるが、その意味内容はきわめて広く、ギリシア・ローマ的英知と、キリスト教精神とに深く根ざしている。われわれは『戒律』の中に見るその使用を吟味するに先立ち、その源泉に立ち返って、根本的意義を探る必要がある。discretio ないしその動詞型 discernere の語源となったギリシア語の名詞 diakrisis ないしその動詞型 diakrinein は、もともと㈠切る、㈡離す、㈢ふるいわける、㈣区別する、㈤感覚的に諸性質を識別する、というような意味合いを含んだ語であった。そしてそれは古代の倫理学では、一般的に㈠善と悪とを区別する、㈡真と偽とを識別する、という意味に用いられている。けれども discretio ないし discernere は、metron ないし metrein というギリシア語とも、密接な意味関連を持っていた。そしてこれは、㈠秤りそのもの、㈡測定する、㈢制限する、㈣適度にする、㈤調和を与える、というような意味を持ち、古代の倫理学では、一般に節度と中庸を意味するものであった。

古代ギリシアでは、diakrisis と metron は、節度に関する自然な感覚、客観的な均衡と秩序に対する自然な要求として、宗教・道徳・哲学・文学・医学・政治学・美術などすべての領域で不可欠な要素であった。ギリシア人の中でも、最も節度を重んじた人物であるプラトンは、その著書『メネクセノス』の中で、「何事も度を過ごすなかれ」という古いことわざが名声を得たのは、それが真に正しいからである、と言っている。

またプラトンはその著書『ピレボス』の中でも、「第一の善は尺度（metron）、適度（metrion）、時宜（kairion）などに適うものであり、第二の善は均衡、美、完全、充足などである」と述べている。そして第二の善は第一の善に従属するものである。また、『ティマイオス』では、「美は適度を欠かず」とも言われている。『法律』の中には、「中庸が道徳的秩序と社会的秩序を確保する諸徳のうちで第一のものである」と説く多くの箇所がある。

ソフィストの「人間は万物の尺度である」という教えに反対して、プラトンは美しくも、「われわれにとって、特に万物の尺度は、人間よりもむしろ神である」と答える。そしてこのような存在に愛されうる者となるための人間の義務は、自らも節度を持つ者となって、神に似ることにある、と言うのである。

アリストテレスも、師プラトンに倣って『ニコマコス倫理学』二巻六章の中で、「徳は尺度であり、中庸であり、両極端の均衡にある」と主張している。すなわち

「徳は情念と行為にかかわるが、これらはいずれにおいても超過と不足と中庸が存在する。たとえば、恐れるとか、平然としているとか、欲望を起こすとか、憤るとか、憐れむとか、そのほかすべての快楽や苦痛を感じることには、過多と過少が存在し、これらはいずれも良くない。これに反し、しかるべき時、しかるべき事柄について、しかるべき人に、しかるべ

き目的のために、しかるべき方法でそれを感じること、これが中庸であり、最善であり、これこそまさしく徳に属する。そして行為に関しても同じく超過と不足が存在する。徳は情念と行為にかかわるが、これらいずれにおいても、超過と不足は誤るのに反して、中庸は称賛され、正しさを失わない。しかしこうしたことは、いずれも徳の特色に属することなのである。それゆえ徳とは、何らかの中庸（mesotes）と言うべきもの――まさしく中（meson）をめざすもの――にほかならない。」

このように、ギリシア人の理想は、正しい中間、中庸であり、「節度は最上」という七賢人の一人、クレオブーロスに帰せられる語に適切にも表現されている。またソロンに帰せられる「何事にも度を過ごすなかれ」という語が、ソクラテスの「汝、自らを知れ」と共に、デルフォイの神殿の切妻に刻まれていたことも象徴的である。

四つの枢要徳と discretio

プラトン、アリストテレス以来確立され、古典古代で重視された四つの枢要徳、節制・賢慮・正義・剛毅と、discretio との関連を見てみたい。まず節制（temperantia）は、人間の情念に秩序を与え、邪欲を制する点では discretio に等しい。だが discretio はこれに尽きるものではない。それは倫理的領域における個々の行動の正しい認識である点で、意志的なものよりも、知的なものに深く根ざしている。この意味で「行動領域の正しい理性」と定義される賢慮（prudentia）は discretio により近い。だが discretio は、これに加えるにより深い倫理的意志を含み、それゆえ状況を捉える洞察と予感と共に、温かい積極的善意、穏和で安定した感情と行動へ導く力を持つのである。また正義（justitia）は、正しい方向への決断、個々の人物と物事に対する念入りな注意と細やかな対応、という意味で discretio の中に深く浸透している。さらに剛毅（fortitudo）は、善のために悪と対決する献身的闘いと、道徳的基本原理に基づく決断と不動の態度において、当然 discretio の中にある。したがって、discretio の中には四つの枢要徳が焦点に向かう諸力のように集中しているのである。

　ギリシア・ローマ世界に発生したキリスト教は、その文化・教養と共に、その道徳的理想をも同化吸収していった。したがって当然、ベネディクトゥスをはじめとするキリスト教著作家たちの discretio の概念の中に、中庸と節度を根幹とし、四つの枢要徳に集約される古典的な倫理思想の影響を認めることができる。けれどもわれわれはまた、人間の努力の所産である自然徳ばかりでなく、キリスト教的な discretio の概念の内に、恩寵の助けを受けて、より高い完成に達する超自然徳が内在することを認めなければならない。

旧約聖書的伝統

啓示の世界に眼を移す時、われわれは旧約聖書の中に、discretio の概念が乏しいのに気がつく。これは驚くにはあたらないことである。イスラエルの道徳は、純粋に宗教的なものであり、特に超越神に対する絶対的服従をめざすものであった。ここで求められたのは、人間的均衡の感覚ではなかった。

しかし、知恵文学の中には、ギリシア的教養の影響を受けて、discretio の徳を示す箇所が多く見いだされる。特に富について『箴言』(一五・一六―一七、一六・八、一七・一)は、富が神ヤーヴェに対する畏敬や、家族の和合と共にない時、決して幸福の種とならないと説く。また急いで財を作ろうとするなと勧める。なぜなら「富むことにはやる者は、罰せられずには済まない」(二八・二〇)からである。またそのゆえに神に対して祈っている。「貧しくもせず、金持ちにもせず、わたしのために定められたパンでわたしを養ってください。飽きたりれば裏切り、主など何者かと言うおそれがあります。貧しければ盗みを働き、わたしの神の御名を汚しかねません」(三〇・八―九)。ここに見られるのも一種の「何事も度を過ごすなかれ」である。けれども中庸は均衡それ自体のゆえに尊いのではなく、神に対して仕える手段として評価されている点で、ギリシア的なものにない斬新さが見られると言える。

同じく知恵文学の中でも『コヘレトの言葉』(七・一六)には、「善人すぎるな、賢すぎるな」という言葉がある。また『シラ書（集会の書）』には、「お前の力に余ることを理解しようとするな。また、手に負えないことを探究しようとするな」（三・二一）という勧めがある。さらに『知恵の書』には、神がエジプトとカナンの偶像崇拝者や異教徒に対して、穏当な態度を示されたことを述べ、彼らを絶滅させる力をお持ちなのに、「長さと数と重さによって」（一一・二〇）罰を定められた、と記している。神は自らの正義を、憐れみ深い中庸をもって和らげ、罪人に忍耐を示し、「おもむろに罰を加えられ、彼らが痛悔する時をお与えになった」（一二・一〇）のである。そして「神に従う人は、人間への愛を持つべきことを、あなたはこれらの業を通して民に教えられた」（一二・一九）のである。

このように旧約聖書における discretio の示唆は、ギリシア的な中庸と均衡に近いものであるが、それが第一に人間に対する神の直接の教訓というかたちを取っていること、第二に人間に対する神の慈愛と結合している点に、特色を持つものである。

新約聖書的伝統

すでに旧約聖書に現れている神の人間に対する慈しみと、discretio との結びつきは、新約聖書において一層きわだってくる。旧約の『イザヤ書』にある、神ヤーヴェの僕のもつ温情と慈愛に関する叙述、「（彼は）傷ついた葦を折ることなく、暗くなっていく燈心を消すことなく」（四二・三）という表現を、新約の『マタイによる福音書』（一二・二〇）は、キリストの予兆であると解釈している。旧約の『エゼキエル書』にあるように、「神は悪人の死を望むのではなく、彼がその道から立ち帰って、生きること」（三三・一一）を望んでいるのである。この罪に対する罰の温和さは、苦しみに医薬的な効果を与えるものである、罪人がかたくなにならない限り、赦しを失うことはないであろう。キリストは「柔和な人々は幸いである、その人たちは地を受け継ぐ」（マタイ五・五）と言われた。そしてキリストは、自分たちを歓待することを拒んだサマリア人に、雷をくだすことを望んだヤコブとヨハネの行き過ぎを諫めてもいる（ルカ九・五五）。

使徒パウロもまた、中庸を勧めている。『ローマの信徒への手紙』の中で「自分を過大に評価してはなりません。むしろ、神が各自に分け与えてくださった信仰の度合いに応じて慎み深く評価すべきです」（一二・三）と言っている。このパウロの一般的原理は、ギリシア的な中庸の精神を、超自然的秩序の中で、神から与えられる信仰の恵みに従って、より的確に、より柔軟に発見しようとするものである。同じ彼の言葉に「あなたがたの広い心が、すべての人に知られるようになさい。主はすぐ近くにおられます」（フィリピ四・五）、および「時をよく用い、外部の人に対して賢くふるまいなさい。いつも塩で味付けされた快い言葉で語りなさい。そうすれば、一人一人にどう答えるべきかが分かるでしょう」（コロサイ四・五―六）は、非キリスト教徒と接する時の discretio を鮮やかに述べたものである。

パウロはまた、次のようにも述べている。「食べる物と着る物があれば、私たちはそれで満足すべきです。金持ちになろうとする者は、誘惑、罠、無分別で有害なさまざまな欲望に陥ります」（一テモテ六・八—九）と、衣食における discretio をやや禁欲的色彩をもって教えるが、また「これからは水ばかり飲まないで、胃のために、また、たびたび起こる病気のために、ぶどう酒を少し用いなさい」（一テモテ五・二三）と述べて、修道の生活においても中庸の道を示している。

特にパウロで注目すべきは、聖霊の賜物について述べているところである。「一人は霊を識別し」（一コリント一二・一〇）という発言である。これは人間に働きかける霊を見極めて、それが神からのものか、人間からか、または悪魔からかを分別する能力を示している。しかもその能力自体が聖霊の賜物として与えられるのであって、単なる人間の思慮分別以上のものを含んでいるのである。キリストの教えた倫理が、単なる形式的禁欲主義でもなく、もちろん享楽主義でもなく、ましてや凡庸な中道主義でもなく、その折々に聖霊を通じて明らかにされる神の意志への絶対随順から成り立つとすれば、このパウロの言葉は、キリスト教的倫理と修道の根底を成すものと言うべきであろう。

教父的・修道院的伝統

修道院的伝統の中で、特に活かされたものも、上述のパウロの発想であった。アレクサンドリアのアタナシウスは、友であり修道制の祖であったアントニウスの、霊を見分ける才能を讃えている。修道士は、奇跡を行う能力を必ずしも必要としないが、いかなる場合にも霊を識別する資質は備えていなければならない。彼が心の不安や、天使に化けて現れる悪魔と戦うためには、誘惑と聖なる発想、良い霊と悪い霊とを分別しなければならないのである。

ギリシアの『修道制の祖師たちの語録』や、ラテン世界のものとしては『教父伝』が、discretio を当然のものとして要求しているのもこのためである。修道士たちにとって重要な心得として、㈠警戒、㈡自己自身への精神集中、㈢ discretio が、魂の指導者であると、ポイメン（四五〇頃没）は明言している。また、アントニウスの格言として伝えられる、次のような言葉がある。「多くの人は、禁欲で体をすりへらす。しかも神から遠く離れている。なぜなら、彼らは discretio を持たないからである。」ここでアントニウスは禁欲そのものを非難しているわけではない。ただ具体的に状況に合わないその無差別、無計画、無思慮な強行を断罪しているのである。修道院長ポイメンは言う。「多くの者は、終始斧を持ちつづけている。しかしどのように樹を切り倒すかを知らない。他の者は切り倒すことに慣れているので、ほんの数撃で切り倒す。この斧こそ discretio である。」それは修道士が、種々の場合にそのさまざまな状況を捉える細やかな識別と言ってよい。

ポイメンとアキラスの話

これを具体的に示す二つの好例がある。第一の話では、修道士たちが共同で食事をとっている。食事に修道士たちが通常拒否しているご馳走、すなわち肉が出る。人々はそれを食べる。だがポイメンのみがそれを食べない。彼は discretio を心得ているからである。食後、人々は彼に尋ねる。「あなたはポイメンですね。どうしてこのようなことをなさったのですか。」彼は答える。「失礼をお許しください。あなたがたが肉をお食べになっても、誰も何とも感じません。けれども私が食べたら、非常に多数の修道士が私に親しんでいますから、彼らは残念に思って言うでしょう。《ポイメンが肉を食べている。しかも私たちは食べていない》と。」そこですべての人々は彼の discretio を称賛したという。

第二の話では、三人の修道士が、修道院長アキラスに彼の手仕事で仕上げた網を乞う。アキラスは、はじめの二人に拒否し、第三の人に与える。だがこれは評判の悪い修道士であった。アキラスは、わざわざこのいわくつきの男に、手製の網を与えたのである。それは前の二人は拒否されても、アキラスに編む時間がなかったと考えて、別に悲しみもしないが、三人目の人は、自分の罪のゆえに願いがかなえられなかったと思い、いたく嘆くであろうからである。

このように、discretio は多くの可能性の中で、状況に応じて最善のものを識別する能力である。また厳格と寛容を具体的状況に応じて決定することである。それは類型的行動、無計画、熟慮の欠如、適切さの喪失、孤疑逡巡、向こうみずな行動を克服するものである。したがって discretio は、㈠一般的識別能力、㈡道徳的価値のあるものを知る能力、㈢賢明な中庸、すなわち極端な厳格と、度を過ぎた寛容の拒否である。

カシアヌスの解説

ヨハネス・カシアヌスは、その著『問答集』の一巻の末尾の六章と、二巻の全部を discretio の解説にあてた。そして、「いかなる徳も discretio によらずして完全たりえず、完成されず、また成り立ちえない。……なぜならすべての徳の母、守護者、指導者は discretio だからである」とまで賛美している。彼はまた、修道生活における徳の貴重さを認識し、「私はすべての徳の中で、頂点と首位を保つ discretio の卓越と恩恵について、なお少しあなたがたのために論じ、その優れたることと、効用とを……証明したい」と述べている。彼は discretio の内容を、まずギリシア的伝統に従って、中庸とか節度という意味で考えている。それを「中庸の母」であるとし、節度のない悪徳と対峙させている。discretio の役割は、修道士を両極から等距離に置き、中庸という王道に導き、正しい節度の範囲を越えるほどの熱情を遠ざけると同時に、霊的冷淡さに導く柔弱さや弛緩をも一掃するものである。カシアヌスは、「両極は等しい」という格言に訴え、過度の断食と暴食、過度の不眠と惰眠は、全く同様に害をもたらすと主張するのである。

けれどもカシアヌスは、discretio を使徒パウロの伝統に従って、「霊の識別」という意味でも述べている。それは中庸を尊ぶとはいっても、外的・量的基準から、中間を取り出してくる平凡・凡庸などでは断じてない。また単なる熟練や、器用さや、その場を切り抜ける術でもなく、究極的な存在と意味に対する倫理的英知から発する働きである。また神に対する絶えざる観想と畏敬のうちに、救霊を確保するための深い配慮から生じる判断と決意と行動である。この意味で、discretio は、自然的・倫理的基礎を超越して、神の賜物なのである。

カシアヌスは言う。「discretio は、凡庸な徳ではなく、人間の努力によってどこででも捉えられるものではなく、神の贈り物として、また恩寵によってもたらされるものである。」それは聖霊の賢慮の賜物に近いものと解してもよい。聖霊は心の光として魂の底を照らし、われわれの判断が迷い、無知の夜の迷いに囚われるのを妨げる。この恩寵への道は、神と人々に対して素直に心を開くこと、すなわち謙遜である。

「真の discretio は、謙遜によってのみ、獲得されるのである。」カシアヌスはこの思想を集約して言う。

「discretio は福音書で肉体の眼、および燈火《ともしび》と呼ばれているものである。救い主キリストの言葉に従えば、体の燈火は眼である。眼が澄んでいればあなたの全身が明るいが、濁っていれば全身が暗い。そのように discretio は、人間のすべての思いと、すべてのなすべき行いを、見通し照らし出すものである。」

以上に述べた discretio の概念の歴史は、第一に、それが中庸と節度という自然的要素と、状況に応じて霊を識別する神の賜物という、超自然的要素の綜合から成り立つことを示している。第二に、このような discretio が、個人および共同体に対して持つ、重要な意義を教えてくれる。なぜなら、いかなる個人も discretio の穏やかな熟慮なくして、真の正しい調和ある内的・外的生活を営みえないからである。またすべての社会関係は、家族にせよ他の共同体にせよ、教育と仕事と交友に関して、権威と自由に基づく正しい秩序の基準を discretio から得るからである。ベネディクトゥスの『戒律』は、このような概念を継承し、その見事な結晶を生み出したのである。

『戒律』における修道院長と discretio

ベネディクトゥスは、序と七三章から成る『戒律』の中で、discretio という言葉を三回しか用いていない。七〇章で彼は、「修道院長の許可なく成人に対しなにか処罰したり、あるいは分別（discretio）なしに児童に対して激怒したりした者は、正式に罰せられなければならない」と述べている。これは処罰の行き過ぎに対する警告である。そしてこのすぐ前の文章では、処罰は常に「充分な尺度と道理をもってなされなければならない」と述べられている。したがってベネディクトゥスは、処罰に対して罪の正しい客観的洞察と、それに対する有効適切な処置を説いているのであって、かりにも冷静と愛を欠く、粗暴な態度があってはならない、と考えているのである。

『戒律』六四章は、修道院長の選出に関する重要な箇所であるが、ここに二度 discretio という言葉が用いられている。

「（修道院長は）物分かりがよく穏和であり、聖なるヤコブの言うように分別（discretio）を心に持っていなければならない。すなわち《群れは一日でも無理に追い立てると皆死んでしまいます》。したがって諸徳の母であるこの分別（discretio）の教えを心にとめ、すべてに節度を守り、強い者がますます求め、弱い者が逃げないようにしなければならない。」

ここでまず注目すべきは、「諸徳の母」という概念において、またほとんどその用語法においても、ベネディクトゥスがカシアヌスの考えを継承していることであろう。けれどもベネディクトゥスが、これを特に修道院長の徳としたことに、大きな意義がある。『戒律』は、修道院長の戒律と言われるほど、彼が修道院内において持つ、最高の長の地位と裁量を重んじているからである。確かにこの『戒律』の遵守は、単にすべての修道士のみでなく、修道院長も従わなければならない鉄則である。その意味でベネディクトゥスが修道院長の絶対主義ないし専制主義を認めたとするのは誤りである。『戒律』の至上は明白に謳われている。「修道院長自身、神を畏敬し、『戒律』を遵守することによって、すべてをなさなければならない」（『戒律』三章）。

修道院長

修道院長は、その修道院の組織面でも、日々の修道日課の編成においてもぬかりなく、定められている規律に従って統治しなければならない。けれども『戒律』の諸規定は、杓子定規な法律の条文より、はるかに柔軟で、弾力性に富んでいることに注目すべきである。したがって『戒律』を具体的事例に適用する際の個々の決定において、修道院長の裁量が占める余地は極めて大である。そしてこの点においてこそ、修道院長が持つ分別（discretio）が決定的意義を持つのである。

したがって『戒律』における修道院長の地位と責務を、さらに深く究明してみる必要がある。『戒律』二章と六三章において、修道院の真の父はキリストであると明言されている。それゆえ修道院の全存在と行動はキリストを中心とする。けれどもキリストの眼に見える代理者は修道院長なのである。彼はキリストによって、父（abbas）かつ主へと任命されるのである。『戒律』は、abbasより重要な言葉をほとんど用いない。それは敬うべき長老、聖別された者、という一般的意味であるが、その含蓄は極めて深い。この語の語源はもちろんアラム語のabbaであるが、キリストの時代には、親しみをこめた肉親の父、すなわち「お父さん」または「パパ」という意味であって、天上の神に対してユダヤ人たちは畏敬の念ゆえにそれを避け、あまり慣用化されていないabbiすなわち「御父」という語を用いた。これに対しキリストは、己と天上の神との肉体的つながりに基づき、子供らしい優しさと親しみと素朴さをこめて、神に対して故意にabbaと呼びかけたのである。そしてこの意味に気づいたユダヤ人たちのために殺されたのである。この真の神であり真の人であるキリストの贖いによって、すべての人間も天上の神を親しくabbaと呼べるようになった。そして『戒律』におけるabbasは、まず天上の神を、ついでキリストを、さらにキリストの代理者である修道院長を、その神性のゆえに畏敬の対象でありながら、その人性のゆえに親しみの心をこめて「お父さん」または「パパ」と呼ぶ時の名称なのである。

ただしここで、キリストに対してその人性のゆえの親しみをこめる態度は、ベネディクトゥスにおいてその萌芽が現れているが、後世のクレルヴォーのベルナルドゥス（一〇九〇―一一五三）、アシジのフランシスコ（一一八二―一二二六）においてより鮮明になることを付言しておきたい。

『戒律』はたまたま二回だけ、修道院長がキリストの代理者であると述べたわけではない。それは、信仰の眼のみが、常にこの内容を認めると付言している。理性のみによる限り、修道院長に人間以上のものを見ることはない。信仰によって照らされた理性が、修道院長においてキリストの代理者を認めるのである。修道院の真の主であり、父であるのは、キリストのみである。そしてキリストがその全能による委託をしたがゆえに、修道院長が院内で、父・教師・家長・牧者・医師・王・将軍・裁判官の役割を果たすのである。彼は修道院内で天の主の神意を保持するのである。それゆえ『戒律』は首尾一貫して、修道院長と、彼の任命する上長に対する服従は、神に対する服従であると言う。また上長の命令は神から直接来ると考えるべきだとすら言うのである（『戒律』五章）。

ホルシエシの遺言

ベネディクトゥスがキリストの代理者という概念をかくも明瞭に述べたのは、彼が以前の修道制の良き伝統を継承し、かつこれを完成しようと考えていたがゆえである。共住修道制の祖師パコミウスの後継者ホルシエシ（三〇五—三八〇）は、彼の『遺言書』の中で、「わが羊を牧せよ」というキリストの言葉によって、修道院の上長たちに教えている。

「使徒ペトロにおいて、主はわれらすべてにこの牧職を委譲し給うたのであるから、われわれは羊の群れを良心的に牧し、試練の日に、労働のためにも、保護のためにも、主が福音の中でわれわれに約束し給うたことを守らなくてはならない。《父よ、私に与えて下さった人々を、私のいるところに共におらせて下さい。》　またくり返すなら《私のいるところに、私に仕える者もいることになる》」（『遺言書』一七章）。

さらにホルシエシは、ベネディクトゥスのような修道院の牧者たちに、重大な責任を訴えてやまなかった。

「あなたがたは、修道院の第一人者である。あなたがたは誰であろうと、困難に直面しているのを見る時、彼を放置してはならない。また聖書には、あなたがたに監督を託されたすべての群れに対し、責任を果たす義務があることを知るべきである。あなたがたが、キリストの御血をもって贖われたキリストの教会を、牧するために」（『遺言書』四〇章以下）。

キリストの代理者

セム系語族や、ギリシア語圏の人々は、「代理者」とか「代理をする」に相当する固有の語を持っていなかったから、ラテン的西欧はこれを vicarius とか vices agere という表現に書き換えねばならなかった。『戒律』はこれを vices Christi agere すなわちキリストの代理をする、と表現している（『戒律』二章・六三章）。

しかし、修道院長における「キリストの代理者」という概念は、二重の誤解にさらされる危険があった。第一は、「キリストの代理者」をもっぱら自然的適性によって評価しようとするものである。すなわち下位の者に対する指導力や支配力、修道の内的・外的発展を導き出す能力によってのみ、修道院長を「キリストの代理者」にふさわしいか否かを判定しようとする態度である。また第二は、逆に自然的適性を一切無視し、修道院長の地位への選出をもっぱら超自然的な意味での合法的召命と任命によると判断し、彼が「キリストの代理者」に値するか否かを全く人間的評価の圏外に置く態度である。

しかしこのような両極は、いずれも修道院的伝統からの逸脱であった。以前から修道士は、彼らの指導者でありキリストの代理者である修道院長から、個人的な徳と成聖、それにパコミウスのいう聖徒の共同体を指導する能力と適性を要求すると同時に、院長職への超自然的意味での合法的任命をも当然のこととして要求していた。パコミウスは彼の戒律の中で、修道院の上長の持つべき特質について、五九章をすべてあてて叙述した。またホルシエシは『遺言書』の中で、バシリウスも『大戒律』の中で、アウグスティヌスも『聖アウグスティヌス戒律』や他の多くの著書の中で、修道院長の理想像を描いている。アルルのカエサリウスの『戒律』六一章は、女子修道院長に対し、彼女が「聖なる人、また霊的な人であるべきで、修道院の戒律にふさわしく注意を払うべき」ことを要求している。

『戒律』の修道院長に関するすばらしい章は、これら古くからの修道院における「キリストの代理者」という伝統の完成と、頂点を示すものである。彼は超自然的な意味で正統な手続きを経て任命されると共に、自分自身の救霊と己に託されているすべての修道士の救霊という使命を、日々新たに与えられる聖霊の賜物に、充分な人間的能力を付加することによって、滞りなく達成しなければならないのである。

神の意志

『戒律』七章は語る。

「我意を行うことは、われわれに禁じられている。なぜなら聖書は《汝の我意を避けよ》と言っているからである。われわれもまた神に、御旨がわれわれのうちに行われることを、と祈り求めるのである。」

修道院長は自らをはじめとして、すべての修道士たちに、「神の意志」がいつどこでも実現するように配慮するのである。理論的に言えば、神の意志を決定するのは困難でないかもしれない。けれども個々の場合、すなわち具体的にそして現実に「神の意志」がどこにあるかは、しばしば不鮮明である。もともと「神の意志」という言葉は、あまりに用いられすぎると、かえって意義と価値を減じるような、美しくそして深い言葉なのである。

確かに修道士たちは、修道院長よりはるかにたやすく、「神の意志」を認識し、実行できるであろう。彼らは敬虔に、謙遜に『戒律』と修道院長の命令に服している限り、ほとんどの場合安全に「神の意志」を満たしているのである。これは『戒律』が当然のこととして前提にしている態度である。この『戒律』は決疑論——宗教または道徳の一般的原理を具体的な場合に応用するための議論——を知らない。いずれにせよ、それについて黙している。この『戒律』は、キリストの代理者である修道院長が、不道徳なこと、すなわち神の戒命に矛盾することを命じる場合を想定していない。

これに反し修道院長は、無条件の権能を持つが、また無条件の責任を負わねばならない立場にある。彼は「神の意志」の認識と実行について、修道院のほとんどの負荷に耐えなければならないのである。『戒律』二章は、五回にわたってその点を指摘し、修道院長はその牧する羊たちに、あまりにわずかな利益しか見いだしえない時には、牧者が罰せられることを知らなければならないという。『戒律』二章と六四章は、修道院長がいかにあるべきかを語り、六四章は、特にその任命について指示を与えている。彼の任命に際しては、品位ある行いと、賢明な教えを規準としなければならない。これは discretio を可能にし、保障する知的で道徳的な前提を要求しているのである。

修道院長と discretio

修道院長は、自分だけでなく修道院全体に、神の意志を実現するために、特に discretio を要求されるのである。discretio は人々を正しく導き扱う術である。「彼は、支配することより、役に立つように配慮することが自分の使命であると心得なければならない」（『戒律』六四章）。明晰な洞察と、正しい指図が本質的使命なのである。命令権の盲目的な使用は役に立たず、ただ破壊し分裂させるだけである。したがって修道院長は、各人によく合うように指図しなければならない。彼は病める霊魂を導き、すべての者を等しく愛し、各人にしかるべき待遇を与えることを心得ていなければならない（『戒律』二章）。

重大で困難な問題に直面する時、「彼は賢明に振る舞い、過度を避け、あまりに錆をきれいに浄めようとして、器を毀さないようにしなければならない」（『戒律』六四章）。したがって修道院長は「さまざまな状況に公正に対処し、あるいは厳しく、あるいは柔和に、時には師の厳格さを、ついで父の優しい愛をもって支配しなければならない」（『戒律』二章）。このような修道院長に対し、修道士たちは、安定した保障を与えてくれる人、そして誠実な理解者という感情を持つに至るであろう。「彼らは自分たちが必要とするすべての物を、家父長から期待するべきである」（『戒律』三三章）。

したがってベネディクトゥスは、修道士たちに対して修道院長への無条件の服従を要求してはいるものの、これは恣意や権力欲による支配を決定的に退けることに基礎を置くものである。もちろん修道士たちは、我意を捨て、キリストの代理者である修道院長に対して速やかに自発的にしかも明朗に従うのであるが、修道院長は強い責任の意識と、明晰な discretio をもって、修道士たちとの温かい心の触れ合いのうちに命令するべきである。したがって彼は、終局的決定が自らに委ねられているとはいえ、『戒律』を遵守するのが当然であるばかりでなく、修道士たちの忠告も求め、彼らの言葉に耳を傾けるのを拒むべきではないのである（『戒律』三章）。ベネディクトゥスにとって、のちのイエズス会士の唱える死体のような絶対的従順はありえない。

ベネディクトゥスは、一種の異議の申し立ての権利をも認めている。

「もしある修道士に、重すぎるかまたは不可能なことが課せられても、彼の上長の命令にまったく柔軟な気持で従うべきではあるが、課された荷が自分の力を越えていると考えた場合には、その理由を上長に、忍耐強く礼儀正しく説明しなければならない。……この申し出にもかかわらず、上長がその命令を変えず固守する場合には、下位の者はそれは自分にとって良いことであると考え、愛をもって神の助力を願い、信頼しつつ従わなければならない」（『戒律』六八章）。

これはベネディクトゥスのいう discretio が、最も美しく現れた箇所であると言えるであろう。

『戒律』一般にみられる discretio ――『戒律』に対する賞賛

『戒律』は、特に修道院長の必携として書かれたものである。したがって修道院長の主要徳目としての discretio が、『戒律』全体の基本精神にかかわることは上述の通りである。けれども修道院長との直接の結びつきを想定しなくても、『戒律』全体を一貫して流れる discretio の精神を捉えることは可能である。またベネディクトゥスが、discretio を特に修道院長に強く求めたとはいえ、修道士たち全員にそれを望んだことも当然であろう。この観点から分析を試みたい。

シルウェステル・プリエリアス（一四五六頃―一五二三）は、『戒律』を賞賛して次のように言っている。

「以前にあった東方の諸戒律に対し、ベネディクトゥスの『戒律』は、ローマ的英知の特色と、西欧の道徳の節度を示している。それは、教皇グレゴリウス一世の証明したように、discretio の傑作である。また信用のおける批判者たちが明らかにしているように、それは健康な理性と寛容、真の人間的温かさと道理にかなった節度を示している。しかもそれは、一般に市民的教化を受けたローマ人の法にも、教化されなかった自然的民族の掟にも、どのような市民的社会の中にも、従来見られなかったすべてのものを示しているのである。それゆえ、教皇グレゴリウス一世、トマス・アクィナス（一二二五―一二七四）、ビンゲンのヒルデガルト（一〇九八―一一七九）、フィレンツェのアントニヌス（一三八九―一四五九）らは、この『戒律』が直接聖霊によって吹き込まれたものであると述べている。諸教皇と諸君侯らは、その discretio のゆえにこの『戒律』を賞賛しても賞賛しつくせなかったほどである。」

衣食・清貧・労働

この賛辞は、衣食、清貧、労働と祈りの割り振り、権威と自由の調和など、個々の点を吟味する時、明らかとなる。衣服は、修道院のある地方の状態、気象に合うものでなければならないとされている（『戒律』五五章）。食事については、自然が多くの食品を産する場所では、豊かにすべきである。しかしどのような場所でも、常に二皿を用意することと規定されている。なぜならある人が、一方の皿の品を食べられなくても、もう一皿の品に満足することができるためである（『戒律』三九章）。

労働が厳しい場合には、食事はそれだけ豊富でなければならない。食卓奉仕者や食卓読師は、食事の時間が遅れるから定時より前に簡単な飲食をとることが許される（『戒律』三八章）。このように優しさと好意は、不平と気力喪失の危険のある場合、特に示されなければならない原理なのである。

『戒律』は、キリストの真の弟子になりたいと望む者は禁欲を実践しなければならない、という原理においては、それ以前の修道戒律と同じである。ベネディクトゥスもまた、原罪を犯し神に背いた人間を、神に従い神に奉仕するように教育することを望んでいる。それはまさに神の似姿への回復なのである。「あなたは、怠惰な不従順によって離れた方のもとへ、勤勉な従順によって戻るべきである」（『戒律』序）。

けれどもベネディクトゥスは、この「主のための奉仕の学校」（schola dominici servitii）に、各個人を唯一の共同の目的のために招き入れたとはいえ、またそこに共同生活の調和を生み出すために心を砕いたとはいえ、内的にも外的にも機械的画一性を生み出そうとは望まなかった。各人はその個性に従って、救霊という共同の目的に向かって邁進すべきであったのである。各人を、それぞれのやり方で、キリスト教的な光に包まれた古典的人間形成の理想、すなわち「善美なる人間」に教育することが、ベネディクトゥスの目標であった。

禁欲と discretio

ベネディクトゥスは、極端な禁欲理想におぼれ、自己欺瞞の結果に陥る悪弊を、すでにスビアコでの隠修士生活の経験により、熟知していた。したがって彼は、修徳的労働に修道士たちをつなぎとめ、心の浄化を次第にすすめ、内的生活における神への愛の深まりを望んだのである。この基本路線と、それを状況に応じて推しすすめていく心的態度を、彼は discretio に求めていたと言ってもよいであろう。彼は常に初心者のための単純な戒律を書いたという意識を持っている（『戒律』七三章）。特に東方修道制にしばしば見られる、無意味な非人間的な禁欲の過激化を避け、厳しすぎる戒律を与えることを望まない（『戒律』序）。痛悔用の帯や鎖の着用、鞭打ち、過度の断食には全く触れられていない。

しかし修道士たちは、裕福な生活に耽らず、過度にわたらないよう定められた断食を愛し、ぶどう酒におぼれず、大食や過眠に陥らず、怠惰でなく、さらに今や罪を痛悔し矯正するための業となった労働に常に従事しなければならないのである。「公正の原理に従って、悪徳を矯正し、愛を保持するために、いささかより厳しいことが課されるとしても、あなたはそれに恐れをなして救いの道から逃亡してはならない」（『戒律』序）のである。

概して言えばベネディクトゥスが、修道士たちに求めた生活様式は、当時の熱心な一般のキリスト教徒の生活態度と、本質的にはそうかけ離れたものではない。アルルのカエサリウスの『講話集』によれば、六世紀の教会規律は、『戒律』以上に厳格な生活を、一般信徒に対して要求しているほどである。したがってベネディクトゥスは、彼の修道院への加入を望む者に対して、なんら苛酷なことを求めないという慰めに満ちた約束をもって受け入れたのである。しかし彼は、このように全員が実行しなければならない禁欲を、可能な限り耐えうるものとする一方、個人が修道院長の許しを得て、さらに厳格な道を進むことを排除しなかったのである（『戒律』四九章）。

ベネディクトゥスの discretio は、沈黙の規定にも現れている。彼は孤独と沈黙への愛が、精神集中と自己完成への条件であることをよく知っており、かつては彼自身、神と自己の魂のみに専心するため、スビアコに隠棲したこともあった。ゆえに彼は弟子たちに沈黙への愛をすすめた。けれども彼は、修道院内で常に沈黙が支配するのは望まず、ただ多く話す機会が与えられないようにしただけである（『戒律』六章）。しかも厳格な沈黙を守るべき時に来客があった場合には、接待する役を命じられた者が、客と語り合うことを許したのである（『戒律』四二章）。

肉体労働と精神労働

ベネディクトゥスは毎日の日課についても、節度よく定めている。肉体労働にせよ精神労働にせよ、長時間連続した場合は疲労する。肉体労働と精神労働を交互に行うことは、すべての修道士にとって単に疲労を避けるためだけでなく、人格の育成にも有益である。人間は肉体と精神から成り立つ存在だからである。ベネディクトゥスは、肉体労働と、祈りと読書という精神労働とを交互に行うようにし、その上に充分な睡眠によって疲労を回復するように計っている。これは現実に即した人間観に基づく、みごとな discretio による配慮である。

彼は東方的な規定を退け、「祈りは短くするように」(『戒律』二〇章)、ただし聖霊が命じた時だけは延長せよと言う。一日七回の典礼的な共同の祈りを唱え終えたのち、聖霊に促された個人は一人で祈りを延長すればよいのである。ここで注目すべきは特別な行動をとる場合の基準が、ただ長短の中間をとるのではなく、聖霊に委ねよと定められていることであろう。

肉体労働も過重ではなく、文句が出ないように配慮されている。来客が多い場合、料理係には助手がつけられることになっている。これは他の職務についても同じである。また弱い者には助けを受けるように定められている。もちろん病気の者や弱い者は、労働の割り当てについて配慮される(『戒律』四八章)。

『戒律』は、種々の例外を認めているが、特に修道院の用事で旅行する修道士が、聖務を守れなかった場合、また作業の場が遠くて聖務に戻ることができない場合も想定している(『戒律』五〇章)。ただこのような時もできることを行い、最善をつくすように勧めている。

また彼は決して頑迷ではない。よそから訪れた旅の修道士が、しばらく滞在して、当修道院の生活習慣について、理由のある批判を述べたなら、修道院長は神がこの者を遣わされたのではないかと慎重に考え、その意見について熟慮しなければならない(『戒律』六一章)、という。

ベネディクトゥスは、外からの刺激で生じる生活の緊張を、実りあるものにする術も心得ていたのである。

老人・子供・病気の者に対して

老人、子供、病気の者に対する『戒律』の教えは、思いやりに満ちたdiscretioのすばらしい描写である。老人と子供について『戒律』は、ただ用心深い規定をしているだけである。なぜなら「人間の本性が、老人と子供に対し、すでに自ずと同情を持つのは自然なことである」（『戒律』三七章）と書かれていることは、実に鋭い心理的洞察と言うべきである。だが病気の者については、特に何よりも配慮しなければならない。修道院長は、病人が決しておなざりにされないように、特に配慮しなければならない（『戒律』三六章）。病気の者には、快適な修房を与え、入浴の機会、よい食事、そして特に敬虔で忠実でよく配慮する看護者を必要とする、と規定されているのである。病人の中には、ヒステリックな者や不満のある者もよくあることを、ベネディクトゥスは知っていた。看護者は「このような病人に対しても、忍耐しなければならない」（『戒律』三六章）のである。

修道士たちの教育

ベネディクトゥスは自然的秩序を超える権威によって、修道士たちを教育しようと欲した。

けれども彼はこの権威が厳しく苛酷に行使されることを望まず、愛と寛容によって和らげられるように希望した。これは「主のための奉仕の学校」に新加入する者に対して、厳格な教師として、また好意と愛情に満ちた父として、語りかけていることからすでに明らかであろう。彼が上長と下位者を父と息子という親しい間柄に置いたことにより、両者の対立はかき消され、権威と自由が接近したのである。良き父が自分の子供たちに対し、彼らを傷つけないように、傲慢にならないように命令を与える如く、キリストの代理者としての修道院長もそのように振る舞うのである。

他の上長、特に総務長（cellararius　執事）についても、これと相似たことが言える。

「修道士たちの中から一人が総務長に選ばれねばならない。彼は賢く、成熟した人格を持ち、真面目で、大食漢でなく、傲慢でなく、粗暴でなく、横柄でなく、贅沢でなく、神を畏敬し、全修道院の父のようであるべきである。……彼は修道士たちを軽蔑して扱ったり、傷つけてはならない。もしある修道士が不当な要求をしたら、彼はその者に慎み深く理由を述べて、その不法な要求を退けなければならない。また彼がある人に何も与える物がない時には、親しい言葉を贈るべきである。《親切な言葉は高価な贈り物に勝る》（シラ一八・一七）と書かれている。……彼は傲慢な態度をとらず、躊躇せずに決まった食物を修道士たちに与えるべきである」（『戒律』三一章）。

そしてこの忠告を、ベネディクトゥスはすべての役職者たちが守ることを、欲していたのである。

罰則と discretio

discretio は特に罰則（『戒律』二三―三〇章）の中にも示されている。これは『戒律』の中でも大きな分量を占めている。その理由は、ベネディクトゥスが適度を超えることがないように、丹精をこめて書いたからである。彼は、アイルランド修道制の代表者、聖コルンバヌス（五四三頃―六一五）と異なり、無意識や忘却や軽率さから生じる過ちには、全く罰を科していない。ただ悪意から生じた、それゆえ重大な罪のみを特に取り上げている。不従順な者、傲慢な者、故意に『戒律』を軽視する者に対して、一度ついで二度、上長より戒められ、それでも良くならない場合、公にすべての人の前で矯正を受ける。道徳的影響は、過ちを犯した者に対し、次第に強くおよぼされるべきなのである。これでも成果があがらない場合、罪を犯した者は共同の業――聖体の祭儀や『詩篇』詠唱――から遠ざけられる。しかしベネディクトゥスは賢明にも、このような罰がその意味を理解する者にのみ適用されるべきであると言う。粗野で鈍い者には、体罰を命じる。だがいずれの場合にも、罰は罪の程度に応じてなされるべきなのである。共同生活から引き離された罪人は、放置されはしない。修道院長は、病める成員が治癒するように熱心に配慮しなければならない。彼がもし自ら復帰への成果を収められない場合には、理解のある長老を遣わして、罪人を極度の悲しみや自暴自棄から救い、悔悛へと導かせるべきである。またすべての修道士たちは、彼のために同情と愛とをもって祈らなければならない。

このような道徳的改善を目的とする勧告や叱責や共同生活からの隔離という処罰は、忍耐強く再度くり返される。そして精神的治癒の可能性の限界まで達した時、はじめて病める一頭の羊が、群れ全体に悪疫を感染させないために、修道院から追放されるのである。

この罰則全体に通じる共通の精神は、第一に、罪人を打ち据えるのではなく、個人および修道院の秩序回復を目的とする意味で、創造的であり、建設的なものである。第二に、罪の程度と、罰せられる者の理解に応じて、処罰が行われるということである。第三は、罰する者の、罪人に対する愛情から生じる、細やかな心遣いである。これらの特徴の中には『戒律』独自のdiscretioが燦然と輝き出ていると言うべきであろう。

分別（discretio）の徳に関する結論

『戒律』は、一部ではなく、その全体を一貫してdiscretioの精神によって貫かれていると言ってよい。それは第一にdiscretioが、『戒律』遵守を前提とする限りにおいて、修道院を無条件に統御するキリストの代理者である修道院長の指導精神だからである。また第二に、修道院長がその拠りどころとする『戒律』の主要な条項の一つ一つの中に、起草者ベネディクトゥスの discretio の精神が浸透しているからである。この概念は、基本的には二つの要素、すなわち人間と世界における調和と秩序の原理である中庸と節度の理念、および各瞬間にその状況に応じて、聖霊の働きがいずこにあるかを分別する精神的能力から成る。前者は、ギリシア・ローマの古典的精神の遺産であり、後者は聖書と教父に源を持つ、修道制の伝統に立つものと言えよう。一方は、自然的英知の所産であり、他方は実践的生活において人を導く超自然的な聖霊の賜物である。この両者の綜合の上に discretio は成り立っているのであり、それは『戒律』において、前代の修道制の伝統から引き継がれて、全体を貫く精神にまで開花したと見るべきであろう。

筆者はこの問題について考える時、思い出さずにはいられないことがある。それはかつて聖イグナチオ教会に居られた、故ヘルマン・ホイヴェルス神父が、筆者に語られた言葉である。神父は「人生に必要なものは、二つしかありません。常識と信仰です」と言われた。これを聞いた時、私はなんだそれだけかと、落胆したような気持ちになった。もっとしかつめらしいもの、たとえば哲学的思索とか歴史的教養とかのようなものを期待したからである。しかし考えてみると、まさしく人生に必要なものは常識と信仰である。この神父の明言の背後には、西欧の修道制二千年の伝統があり、その偉大な祖ベネディクトゥスにさかのぼる discretio の理念、すなわち中庸と節度、および聖霊の働きの識別があると、認めなければならない。それはまた、十三世紀のスコラ学の代表者トマス・アクィナスの言葉「超自然は自然を破壊せず、かえってこれを前提とし完成する」という精神を、予兆するものであったと考えられるのである。

第九章　ベネディクトゥスの遺骨の移転

遺骨はフランスへ

六七三年頃、ベネディクトゥスの遺骨は、モンテ・カシーノからフランスのフルーリ・シュール・ロアールの修道院へ移転された。この移転は、十二世紀以降、イタリアとフランスの修道士たちの間で、その真偽について激しい論争の的となった。しかしここでは、その論争の細部まで追うことはせず、ただ八世紀および九世紀の記録を述べるにとどめたい。ベネディクトゥスは、五五〇年頃に没し、姉妹のスコラスティカと共に、モンテ・カシーノの修道院の敷地内に埋葬された。五七七年頃、ランゴバルド族がモンテ・カシーノを掠奪し、修道士たちは、ベネディクトゥスの遺骨を残したままローマへ逃げた。そして、五七七年から七一八年までの百四十年間、モンテ・カシーノは廃墟となっていた。七一八年、ブレシアのペトロナックス修道士が来て、モンテ・カシーノの修道院を復興した。この仕事について、彼は同時代の教皇たちの援助を得たのである。七四七年、彼が没した時、モンテ・カシーノは再び繁栄した修道院になっていた。

フランスへの使節団

しかし、ペトロナックスの後継者となったオプタトゥス修道院長は、この修道院再建について、一つの重要な欠陥をみつけた。それは創立者ベネディクトゥスの遺骨がないことである。修道院長に選出されて二年後の七四九年、オプタトゥスは教皇ザカリアス（在位七四一—七五二）に使者を送り、フランスに働きかけてベネディクトゥスの遺骨をモンテ・カシーノに返してほしいと頼んだ。この使節団の長は、当時のフランク王国の宮宰であったピピンの兄弟で、カルロマンというモンテ・カシーノの修道士であった。教皇ザカリアスは、この願いを聞き入れ、フランスへ教皇の書簡を携えた使節を送った。この書簡はピピンとフランクの司教たちに宛てて、次のように書かれていた。

「あなた方は躊躇せず、神の僕である修道士たちの願いに従い、聖ベネディクトゥスの遺骨を、それにふさわしい場所へ返すようにしなさい。そうすれば彼ら修道士たちは、自分たちの父が返されて喜ぶであろうし、あなた方は、永遠の報酬と賞賛を得ることになるでしょう。ひそかに連れ去られたベネディクトゥスの墓の復帰に、あなた方は正当な貢献をしたことになるのです。」

この書簡は、ベネディクトゥスの遺骨が、七一八年より前に、フランスへ持ち去られたことを示す貴重な史料である。

遺骨が持ち去られたこと

これより後、七九〇年頃モンテ・カシーノの修道士パウルス・ディアコヌスの書いた『ランゴバルド史』六巻二章に、「聖ベネディクトゥスの遺骨が、ガリアへ持ち去られたこと」と題する一文がある。それによると、モンテ・カシーノが多年にわたって荒廃していた頃、フランク人たちがル・マンとオルレアンからやって来て、徹夜の祈りを装って、ベネディクトゥスとスコラスティカの遺骨を彼らの国へ持ち去った。そして彼らはベネディクトゥスとスコラスティカに敬意を表して二つの修道院を建てた、という。けれども、遺骨の貴重な部分である口と眼は、変質しているが、モンテ・カシーノにとどまった、という。これは、奇妙な申し立てであるけれども、要するに、遺骨はフランスへ持ち去られたが、遺骨を包んでいた灰は自分たちの手もとに残ったという意味であろうか。

これを書いたパウルス・ディアコヌスは、カロリンガ朝ルネサンスの有力な担い手となった文人であるが、イタリア人で、モンテ・カシーノの修道士であった。したがって、彼はベネディクトゥスの遺骨がフランスへ持ち去られたことに、決して好感を持っていない。彼はそれをあえて報じているのであるから、この事実には信憑性があるのである。

最古の記録

確実な年代と、信頼のおける執筆者の史料、すなわち、教皇ザカリアスの書簡と、パウルス・ディアコヌスの記述のほかに、ドイツで書かれた、より古いと思われる文書がある。それは、無記名の執筆者によって、六七三年頃の遺骨移転の日の近くに書かれたものである。ジャン・マビヨン（一六三二―一七〇七）は、これを八世紀末と考えられるザンクト・エンメラムの写本の中に発見して刊行した。その写本は現在では消失したが、これと同じものが、ミュンヘンにあるパリンプセット（一度書かれたものを抹消して後、また書いた写本）の中に現存している。それには次のように書いてある。

「キリストの御名において。慈しみ深い父なる神の摂理により、フランスに学識に富んだある司祭がいた。彼は聖ベネディクトゥスの遺骨が、人々によって埋められ、放置されている場所を発見するために、イタリアへ出かけた。彼はローマから七十ないし八十マイル離れた荒れ地に、ようやくにたどり着いた。そこはかつてベネディクトゥスの修道院が建てられ、彼の修道士たちが心を一つにして生活していた所であった。けれどもはじめ、司祭と彼の伴侶たちは、その場所をみつけるのに当惑した。なぜなら彼らは、修道院の跡も墓も一切見出せなかったからである。しかしついにある豚飼いの男を雇い、その助けにより、司祭は修道院の跡を見つけ、それを正確につきとめた。それでもなお、彼は彼自身と伴侶たちが、二日間ついでさらに三日間の断食をするまでは、全く墓を発見できなかった。そしてその後、彼らの料理人の夢を通じて墓は啓示された。そのようにして問題はすべて彼らの知るところとなった。」

「その朝、料理人すなわち彼らの中で最も小さき者が、彼らに墓を指したのである。ここに使徒パウロの言葉が成就した。すなわち《神はこの世の愚かなる者を選び》、高きにある人々を退け給うたのである。そして《あなたがたの中で大いなる者は、仕える者となりなさい》、また《あなたがたの中で、第一位にある者は僕となりなさい》という主の言葉が成就したのである。」

「そこで彼らは、その場所を吟味して、大理石の墓石に突き当たり、これを排除した。そして彼らはその石を割って、修道院長聖ベネディクトゥスの遺骨を発見した。ついで彼らは同じ墓の中に、聖スコラスティカの遺骨をも発見した。それは聖ベネディクトゥスの遺骨の下に横たわり、一枚の大理石板によって隔てられていた。われわれの信じるところによれば、全能で仁慈なる神が、彼らを墓の中で一緒にするよう、特に望まれたのである。というのは神は、生前すでに彼らを兄妹の愛とキリスト教的慈愛により、結び合わせ給うたからである。」

「ついで彼らは、遺骨を拾い集めて洗い浄め、清潔な亜麻布に包み、二つの遺骨を別々に保管した。そのようにして彼らは、それらをローマ人に知られることなく、彼らの国へと持ち去った。なぜならもしローマ人が知ったら、これほど聖なる遺物を、争いか戦いなくしては、彼らから奪い去ることを許さなかったに違いないからである。そしてその時、神はこれが聖なる遺物であることを、奇跡をもってお示しになったのである。それは、敬虔と成聖の酬いがいかに大きいかを人に知らしめるためであった。というのは、遺骨を包んでいた亜麻布が、まるで生きた肉体から流れ出したかのように、赤く染まっているのが後に発見されたからである。そのようにしてわれわれの主なる神は、その遺骨をこの奇跡によって聖別された二人の聖人が、まことに神と共に永遠に生きていることを示したのである。」

「そして遺骨は一頭の馬に託された。その馬は、非常な長旅であったにもかかわらず、まるで荷の重みを感じないかのように、遺骨を運んで行った。彼らの行く道が森や隘路を通って行く時にすら、樹木や悪い道は、彼らの旅に何の障碍も妨げも提供しはしなかった。その結果、遺骨を運んだ人々は、彼らの旅がフランス、そしてフルーリと呼ばれる修道院に到着するまで、首尾よく終わったことを、聖ベネディクトゥスと彼の姉妹聖スコラスティカの功徳によるものと充分認めたのである。彼らの遺骨は現在、平和のうちに葬られている。そして終末に、栄光を受けて復活することになっているこの二人の聖人は、神の子イエス・キリストによって、父なる神に助けを求める当地の人々に恩恵を与えるのである。このイエスは、聖霊の交わりの中で、世々に生き、支配する方である。」

これが移転の最古の記録である。この筆者は、事件にかかわった主要人物の名前を知らなかったと思われ、また、スコラスティカの遺骨が別の目的地、すなわちル・マンへ運ばれたことも聞き及んでいなかったと思われる。彼女の遺骨は、彼らの到着後わずかの間しかフルーリにとどまらず、直ちにル・マンへ運ばれたのである。この初期の記録はおそらく、移転された年、しかもスコラスティカの遺骨が移される前に、起草されたものである。この記述はあらゆる真実性を示す特徴をもっており、信用するに値するものである。

フルーリに残る記録

最後に、フルーリ自体にあった記録が二つある。一つは八五五年に没したアダルベルトゥスというフルーリの修道士による、移転の記録である。もう一つは八六九年から八八八年の間に、フルーリの修道士であったアドレヴァルドゥスら数名によって書かれたもので、フルーリのベネディクトゥスの聖廟で起こった奇跡の報告である。これらの文書は、明らかに伝説的要素を含んでいる。しかしそれらの歴史的骨組みを否定する理由はない。その概要は次のようなものである。

アダルベルトゥスの記録によれば、レオボドゥスという名のオルレアンの修道院長が、フルーリ・シュール・ロアールに、修道院を創立した。六四六年、彼はこの修道院をリゴマールという修道士に与え、初代の修道院長とした。彼は六五一年に死んだので、そのあとをムムモルスが継いで修道院長となり、三十年間フルーリを指導した。彼が修道院長に任命された時、教皇グレゴリウス一世は亡くなって四十七年しかたっておらず、彼の書いた『対話篇』はそのベネディクトゥスに関する記録と共に、西欧のいたるところの修道院で、熱心に読まれていた。ムムモルスは、その書の中のモンテ・カシーノ破壊の記事を読んでいろいろ考えたが、ついに彼の下にある修道士を遣わして、ベネディクトゥスの遺骨を探し出して、フルーリに安置しようと計画をたてた。同じ頃、スコラスティカの遺骨を探し出す計画が、フルーリの西百マイルにあるル・マンで立てられたという伝えもあるが、これはフルーリで生じたのと同じ話と言ってよいと思う。

ムムモルスは、六七三年、アイグルフスという学識深い司祭を、幾人かの同伴者と共にイタリアへ送った。彼らはローマを通って無事モンテ・カシーノに着き、修道院の廃墟を見いだした。しかし、当初彼らは墓所をつきとめられなかった。ある夜、神々しい姿の老人が現れて

「廃墟の中のある場所で、徹夜の祈りを捧げなさい。そうすれば光の束がさして、求めている物のある場所を示してくれる」と言った。アイグルフスはこの教示に従い、墓所をつきとめることができた。翌朝、彼は貴重な聖遺物を手に入れ、それをすべてかごの中に収めて持ち帰った。アダルベルトゥスは、「われわれはそれを今でも所有している」と述べている。アイグルフスの一行は、大急ぎでイタリアを去り、故国へ向かった。イタリア人が彼らのしたことに気づき、追跡する準備をしたからである。しかし彼らは貴重な荷物を安全にフルーリへ運び、七月十一日もしくは十二月四日に無事に帰着した。フルーリには二つの聖堂があり、一つは聖ペトロに、もう一つは聖マリアに捧げられていた。これらの聖堂はベネディクトゥスの墓所にすべく再建された。聖人の遺骨は、聖ペトロ聖堂に一時置かれていたが、十二月四日または七月十一日に、再建された聖マリア聖堂に移転された。フルーリは大きな巡礼地となり、多くの奇跡がベネディクトゥスの墓所で起こったのである。

以上がベネディクトゥスの遺骨の移転に関するフルーリの記録の概要である。それは細部においては、より古い記述と異なるところはあるが、主要な点では他の諸記録とも一致している。また登場人物に名前をつけ、年代も提供している。史実については信用のおける叙述と認められるのである。ベネディクトゥスの祝日は、かつては彼の死去の日として三月二十一日であったが、現在では遺骨の移転の日である七月十一日が一般に選ばれている。また十二月四日については、同じく移転の日ではあるが、フルーリにおいて聖ペトロ聖堂から聖マリア聖堂への移転の日と考えられる場合が多い。

モンテ・カシーノ修道院の試み

さて、聖なる遺骨の移転については、以上の記録の通りであるが、それを取り戻そうとした、復興後のモンテ・カシーノ修道院の試みはどうだったであろうか。七四九年、教皇ザカリアスの援助により、フランスへ送り出された使節団は、宮宰ピピンの認可と支援を得たにもかかわらず、遺骨返還の目的を達成することができなかった。フルーリはその財宝を確保したのである。しかしフルーリもまたモンテ・カシーノの修道士たちに、遺骨の一部を与えたことはありうる。なぜなら、アドレヴァルドゥスは、フルーリの修道院長メドが、モンテ・カシーノの修道士たちに贈り物をしたと述べているからである。したがって使節団が、七五七年にモンテ・カシーノに帰ってきた時、全くの空手ではなかった。贈与を確認できるものは、七五九年にブレシアの近傍レノに、モンテ・カシーノの修道士たちが修道院の分院を建てた時、彼らがベネディクトゥスの聖遺物を持って行った、という九世紀のレノの年代記の記録である。したがってモンテ・カシーノは、パウルス・ディアコヌスの主張する灰以外に、ベネディクトゥスの聖遺物を何か持っていたと言えるのである。十二世紀以後、モンテ・カシーノの修道士たちを中心に、上述のような聖なる遺骨のフルーリへの移転を否定する、激しい主張が行われたのであるが、それはやはり牽強付会の説と言わなければならないであろう。

ベネディクトゥスの遺骨は、ノルマンの侵略、ユグノー戦争とその頃の騒動、くり返し起きた革命の嵐、再三の火災の中をかろうじて逃れ、現在もなお、オルレアンに近いロアール河沿いのフルーリ・サン・ブノア（ベネディクトゥスのフランス語読み）という教会の聖堂に納められて、残っている。

第十章 『戒律』の最も重要な写本

オクスフォード写本とザンクト・ガレン写本

『戒律』は、聖書を別とすれば、中世でこれほど多く写本されたものはない。数百にも及ぶ写本が現在も残っている。しかしその中で、代表的なものが二つある。一つはオクスフォード写本（*Codex Oxoniensis Hatton 48*）と言われるもの、もう一つはザンクト・ガレン写本（*Codex Sangallensis 914*）であり、現代で刊行されるものの基本とされている。

前者は、その冒頭の言葉が ausculta ではじまり、後者では、obsculta となっている。その意味はいずれも「聞きなさい」ということで、同じような意味である。オクスフォード写本は、七〇〇年から七一〇年の間にイングランドで作られた現存する最古の写本である。これに対し、ザンクト・ガレン写本は、八一七年にアニアヌのベネディクトゥスの修道院改革に際して作成されたものである。これはオクスフォード写本よりも年代的には新しいが、ヌルシアのベネディクトゥスの自筆文書に最も近いものであるので、特に重要視されている。

オクスフォード写本は、その成立過程が不明であるが、ザンクト・ガレン写本はその経過がよくわかっている。すでに述べたように、五七七年頃彼らによって破壊された。修道院は、五六八年のランゴバルド族のイタリア侵入の後、モンテ・カシーノ修道院は、ローマへ逃れた。自筆文書はその後しばらく、教皇庁に保管されていたらしい。七一八年に、モンテ・カシーノ修道院がブレシアのペトロナックスにより再興された後、七五〇年ごろ教皇ザカリアスは、『戒律』の自筆文書をモンテ・カシーノに送り返した。ところが、八八三年に、再び修道院はサラセン人によって破壊されてしまった。修道士たちは、再び貴重な自筆文書を持って、カプア近傍のテアノ修道院へ逃れた。しかし残念なことに、八八六年、テアノ修道院は火災に見舞われ、その貴重な写本も焼失してしまったのである。

幸いなことに、原写本は失われたものの、その内容は前もって極めて念入りに筆写されていて、残ったのである。焼失に先立つ七八七年に、シャルルマーニュ（カール大帝）が、モンテ・カシーノを訪問して、この貴重な自筆の写本を見たらしいのである。彼はその正確な写しを作らせ、帝都アーヘンに送らせた。さらにシャルルマーニュの息子のルイ敬虔王が、八一七年、アニアヌのベネディクトゥスと共にアーヘンに教会改革のための会議を開いた時、『戒律』の遵守が提唱された。この会議の後、おそらく八二〇年頃、ライヘナウの修道院長は二人の修道士をアーヘンに送り、王室の修道院で改革の原理を学ばせた。この時、彼らはライヘナウの図書館の司書レギンベルトの求めにより、アーヘンにあった『戒律』の写本の正確な写しを作り、これを持ち帰ったのである。この二人の修道士は、一人はトットといい、後にライヘナウの修道院長となり、もう一人はグリマルトといって八四〇年にはザンクト・ガレンの修道院長となった。このように明確にたどることのできる経緯により、現存する

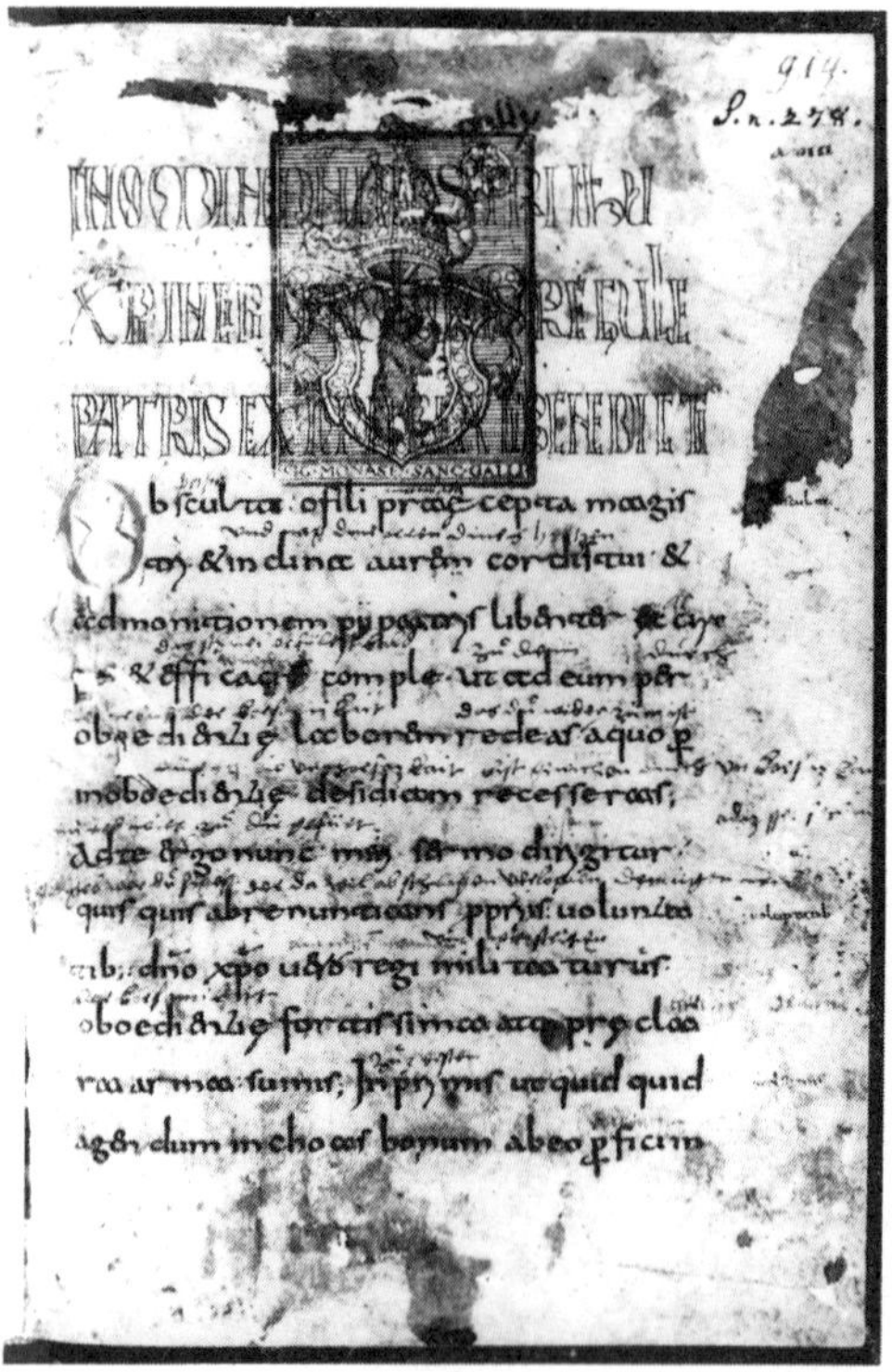

『戒律』ザンクト・ガレン写本（*Codex Sangallensis 914*）

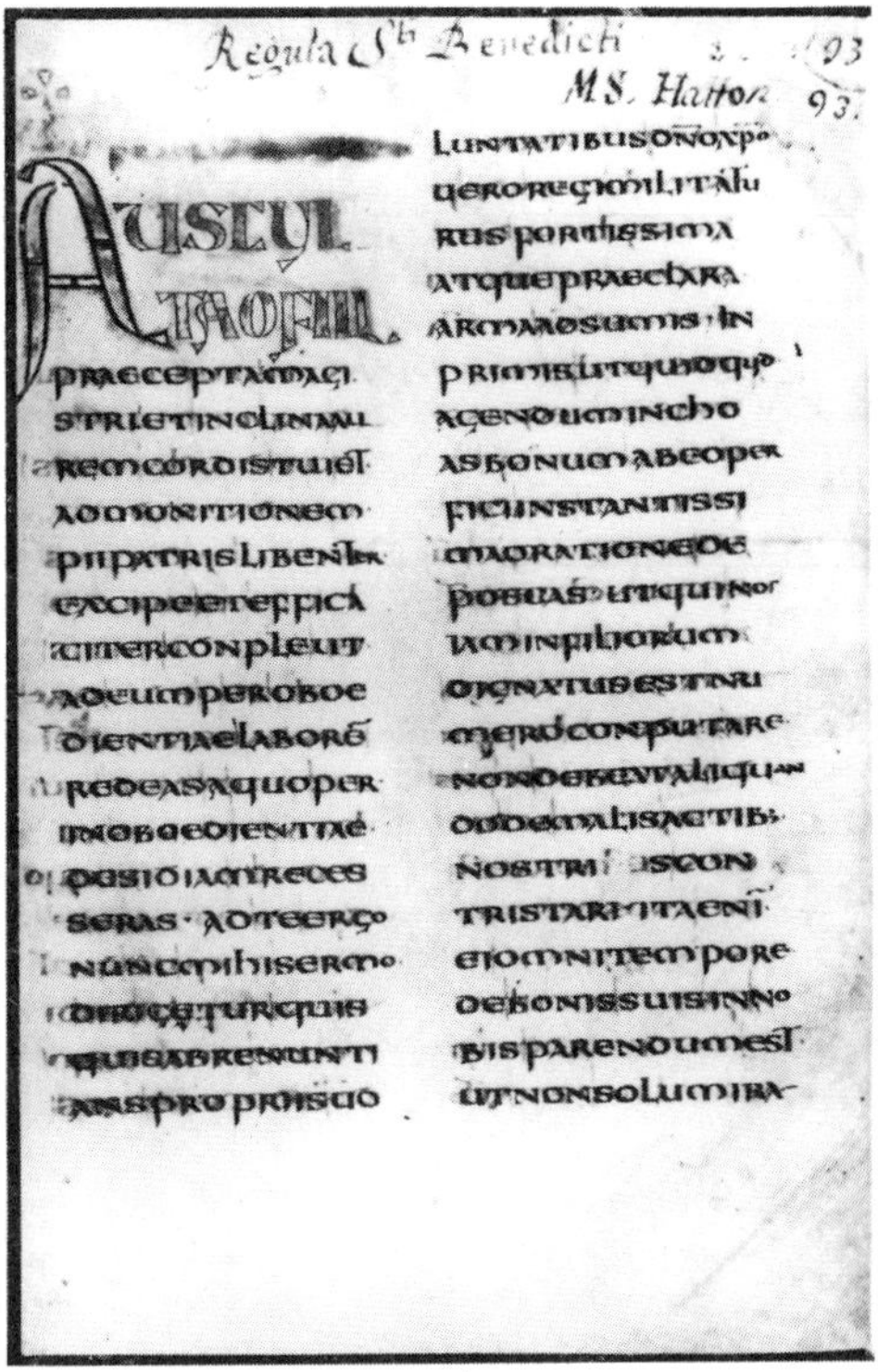

『戒律』オクスフォード写本（*Codex Oxoniensis Hatton 48*）

ザンクト・ガレン写本は、ベネディクトゥスの自筆文書からの正確な写しなのである。

なおここでモンテ・カシーノ修道院の破壊と再建の歴史を概観しておきたい。それが五七七年ランゴバルド族により破壊されて七一八年に再建され、さらに八八三年にサラセン人によって破壊されたことは前述の通りである。この後、当地の修道士たちはまずテアノへ、ついでカプアへ移り、九五〇年頃やっとモンテ・カシーノへ復帰した。しかし当地の修道院は、一三四九年、大地震によって三度目の大破壊をこうむり、さらに一九四四年、第二次大戦末期の激戦地となったため、四度目の大被害を受けた。だがいずれの時も再建されて今日に至っているのである。

第十一章　『戒律』と『導師の戒律』

『導師の戒律』(*Regula Magistri*)

ベネディクトゥスの『戒律』は、先行する東西の諸戒律を参照しつつ、作者がそれらを独自の精神をもって、簡潔にまとめあげたもの、と従来考えられてきた。しかし一九四〇年、『禁欲主義・神秘主義雑誌』二一号に、オーギュスタン・ジェネトゥが、「『導師の戒律』とベネディクトゥスの『戒律』」という画期的な論文（参考文献参照）を発表して以来、多くの論争を経て、この問題はかなり変化したのが現状である。ジェネトゥは、従来、ベネディクトゥスの『戒律』に多くの付加をして、約三倍の長さにした模造品と考えられていた『導師の戒律』を、実はこの方が古く、むしろベネディクトゥスはこれを参考にして、『戒律』を書いたのだと主張した。

『導師の戒律』は、現在は、五〇〇年から五二五年の間に、ローマ市に近い南東地域で作られたと推定されている。すなわち、ベネディクトゥスの『戒律』起草にわずかに先立ち、そしてモンテ・カシーノに近い場所で書かれたというのである。ベネディクトゥスは、彼自作の『戒律』の中で、序章から七章までは、ほとんどそのまま『導師の戒律』を採用し、そのあとの章では、簡潔に縮小して、それに独自の見解を付け加えて完成させた、ということになる。

『導師の戒律』の方が『戒律』より古い理由

なぜ『導師の戒律』の方が、ベネディクトゥスの『戒律』より古いと言われるようになったのであろうか。またなぜ『導師の戒律』はベネディクトゥスの『戒律』の水増しではなく、逆に『戒律』が『導師の戒律』の簡潔化であると言われるようになったのであろうか。それはジェネトゥ以後の学者たちが、両方のテキストの内容を精密に比較して、三つの理由をあげることになったからである。

第一は、双方に用いられている用語が、『導師の戒律』の先行を示唆しているという。両戒律には、共通な部分と、それぞれに固有な部分がある。この共通な部分に用いられている一連の言葉、たとえば doctor は『導師の戒律』に固有な部分でも用いられている。しかしこれらの言葉はベネディクトゥスの『戒律』の固有な部分では、ごくわずかか、または全く用いられていない。したがって『導師の戒律』の作者はこれらをベネディクトゥスの『戒律』を見て用いたのではない。『戒律』の作者が共通な部分でこれらの言葉を用いているのは、『導師の戒律』の中にそれがあったからである。

また、ベネディクトゥスの『戒律』固有な部分で使用されている若干の言葉、たとえばomnino は、双方に共通な箇所では用いられていないばかりか、『導師の戒律』の固有な部分でも使用されていない。したがって、『導師の戒律』の作者は、これらを見る機会がなかったのである。

第二は、双方が引用している資料について、その引用のしかたによるものである。たとえば、ヨハネス・カシアヌスの引用が、両方の戒律にある。『導師の戒律』の方がその引用されたテキストの字句がより正確である。このことは、『導師の戒律』の方が引用がより直接的であり、ベネディクトゥスの『戒律』の方がより間接的であると言えるのである。

第三は、双方に見られる修道制の発展段階についてである。『導師の戒律』の叙述は、すべてについて詳しく書かれているにもかかわらず、修道院組織の規定は、ベネディクトゥスの『戒律』より、はるかに未成熟なのである。たとえば、『戒律』には副修道院長を定めているのに、『導師の戒律』にはそれがない。このことは、『導師の戒律』の先行を推測させるものである。

『戒律』は、従来考えられていたように、百パーセント独創的な作品ではなく、絶好なお手本である『導師の戒律』を前にして書かれたもの、ということになる。しかしこれは、この作品が単なる模写という意味ではない。未完成の長い作品を、整理綜合して、みごとなものに完成させたことを示すのである。それでこそ、この『戒律』は、歴史の上で後世に絶大な影響力を持つことになるのである。

第十二章　ベネディクトゥスの『戒律』の普及

ベネディクトゥスの死後

『戒律』は、ベネディクトゥスの生存中に、モンテ・カシーノ修道院のために書かれたものである。教皇グレゴリウス一世（マグヌス）は、その著書『対話篇』二巻二二章に、ベネディクトゥスがテラチナにも修道院を建てたと述べているので、ここでも『戒律』が適用されたことは確かである。しかしそれ以外には、彼の生存中に『戒律』を採用した修道院はなかったと思われる。

モンテ・カシーノは、五六八年のランゴバルド族のイタリア侵入開始の後、五七七年頃に破壊された。修道士たちは、命からがらローマへ逃れたことが『対話篇』に記されている。『対話篇』は、五九三年頃起草された。約二世紀後に、パウルス・ディアコヌスは、モンテ・カシーノの修道士たちが、ローマへ『戒律』を持って行ったと記している。この『戒律』の原写本は、七五〇年頃にはまだローマにあったものと思われる。モンテ・カシーノ修道院は、七一八年に再興された。教皇ザカリアスは、この写本を七五〇年頃モンテ・カシーノ修道院へ送り返した。

教皇グレゴリウス一世は、この『戒律』を知っており、『対話篇』の中で賞賛しているばかりか、彼の著『サムエル記註解』の中で引用もしている。しかしこのことだけでは、グレゴリウスの創立したカエリウスの丘の聖アンドレア修道院が、ベネディクトゥスの『戒律』によって生活していたかどうかはわからない。ローマにある修道院がほとんどすべて『戒律』を採用していたという確かな証拠は、九一〇年に創立されたクリュニー修道院の影響が及ぶ頃になってからである。

イタリアの修道院のほとんどは、ランゴバルド族によって破壊された。そして七世紀の末頃から修道院の復興が始まった。七〇五年にファルファ修道院、ついでウォルトゥルノ山上のサン・ヴィンチェンツォ修道院が創立され、モンテ・カシーノ修道院も七一八年に復興された。この復興は、主として外部からの影響が大きかった。特にガリアとイングランドから来た修道士たちや、さらにはビザンツ圏から、聖画像破壊論者たちやイスラムの迫害を逃れて来た修道士たちによるものであった。

中世とアイルランドの修道院

六世紀末から七世紀にかけて、アイルランドから、強力な修道院運動がヨーロッパ大陸に流入してきた。アイルランドは、ローマ帝国に征服されなかった。そこにはローマ帝国の都市社会は生まれることはなく、ケルト族の部族社会が残っていた。ケルトの社会では、ドルイド教の祭司が宗教と教育の中枢を握っていた。キリスト教が入ってくると、このドルイド教の祭司の指導権を、修道院の院長が引き継ぐようになった。ここに六世紀頃から根をおろしたキリスト教は、修道士を中心とする社会をつくり、人々の指導にあたったのである。アイルランドには、ローマ社会の残存する大陸の都市中心、司教中心の社会とは異なった、地方の修道院中心の教会組織ができ上がった。司教は典礼においては不可欠な存在であったが、教会の全般的指導については修道院長に従属するものであった。

アイルランドで確立した独特の修道制は、アングロ・サクソン修道制にも引き継がれ、アイルランド、スコットランド、イングランドには、ローマ風の大陸とは異なった傾向を持つ教会ができ上がっていったのである。当然ながらその修道制も、異教的雰囲気から逃れるためのものではなかった。また、一所に定住して、キリスト教的農村社会の建設をめざすものでもなかった。その理想としたものは、天上を祖国とし、一切の世俗的束縛を脱し、広く世界に寄留者・巡歴者となって流浪する、キリスト教的禁欲の理想であった。またこの巡歴には、異教徒にキリスト教を伝えたいという布教への志向、信仰に熱心でないキリスト教徒に信仰への情熱を吹き込みたいという司牧的意図も含まれていた。いわゆるキリストのための巡歴と称されるものである。

これは、東方修道制に似たところもあった。実際アイルランド修道制の起源として、東方から、地中海の南フランス沿岸に浮かぶレラン島の修道院などを経由して、影響が及んだことがうかがわれるのである。注目すべきは、彼らの学問への情熱と貢献である。従来の文化の中心地である地中海沿岸やガリアから、遠く隔たった地域でありながら、高度の学問的業績をあげ、逆輸入のかたちでヨーロッパ大陸各地に進出したのである。これは大変興味ある問題である。

アイルランドへのキリスト教の流入

アイルランドへは、三つの文化流入の経路が考えられる。第一は、五世紀にアングル族・サクソン族がブリテン島に侵入した時、そこにいた教養のある聖職者たちが、アイルランドに避難したこと。第二は、同じ頃、フランク族・ゴート族などがガリアに侵入した時、やはりそこにいた教養のある聖職者たちが、アイルランドに避難したこと。第三は、ギリシアなどの東方からも教養のある聖職者たちが、商業路に乗ってアイルランドへ移住したことである。この三つの経路はいずれもありうることであるが、特にその第三の経路は、後にヨーロッパ大陸でギリシア語が下火になっていたのに、アイルランドやアングロ・サクソンの修道士たちはギリシア語の読み書きができた、という事実をよく説明するものである。これらの経路と共に、この時代に僻地アイルランドの文化的上昇の原因となったのは、中心から離れて住む僻地の人々が、中央の高度の文化に強くあこがれる「植民地現象」と言われるものであろう。このあこがれのゆえに、こんな田舎にと思われるところに、意外な教養が蓄積されることがある。そして中央の文化が衰退してしまった後、僻地の方がより高い文化教養を発達させることになり、それが中央に逆輸入されることになったのである。

アイルランドの修道院文化

アイルランドの修道院文化は、おそらく、はじめはイングランドのケルト人の間で発達し、それが彼らの移住によって、アイルランドへ持ち込まれたと思われる。ローマ軍がブリタニアを撤退した四〇七年以降、侵入してきたアングル族、サクソン族、ジュート族の前に、ケルト人たちは無防備にさらされた。そして次第にコーンウォールやウェールズ、そしてアイルランドへ押しのけられた。この頃ガリアからブリタニアに、オーセールの司教聖ゲルマヌス（三七八―四四八）が、四二九年と四四七年に渡っている。アイルランドの使徒といわれる聖パトリック（三九〇―四六〇）と、ウェールズの修道制の祖である聖イルティド（四五〇―五三五）は、彼の弟子であったといわれる。イルティドは、六世紀はじめにウェールズ西方のカルデイ島およびで南ウェールズのラントウィトに修道院を建てた。その弟子聖ギルダス（五〇〇—五七〇）は、ブルターニュ半島にいくつかの修道院を建てた。やはりイルティドの弟子の聖ダヴィド（六〇一没）は、ウェールズの保護の聖人である。彼らは二人ともベネディクトゥスと同時代の人たちで、修道院生活を促進していたのである。

アイルランドでは、六世紀に聖エンダが、アイルランド西方のギャルウェイ海岸に望むアラン諸島にキリアニー修道院を建てた。彼と同じ頃の、より有名な人は聖フィニアン（四九五—五七九）である。彼はアイルランドの中央部にクロナード修道院を創立した。彼の弟子たちが主になって、六世紀後半にアイルランド各地に修道院を建設した。クロマクノイズ修道院の創立者の聖キアラン（五一六—五四九）、コンフェルト修道院の創立者の聖ブレンダン（四八四—五七七／五八三）、デリー修道院の創立者で、聖コルンバとして知られるコルムキル（五二一—五九七）らである。

コルンバは、五八三年にスコットランドへ移り、その西海岸に近いさびしい島、アイオナ島に修道院を建てた。ここは後に大変有名なところとなる。なぜなら、ここからたくさんの修道士たちが、ヨーロッパ大陸へキリスト教を伝えに行ったからである。アイオナから出発した聖アイダン（六五一没）は、ノーサンブリアの海岸にリンディスファーン修道院を建てた。ここはアイオナと共に、ケルト型の修道院の見本となり、スコットランドやイングランド北部各地にも修道院が建てられた。当時の修道院はみな独立していて、現在のような横のつながりはないのが一般である。もちろん修道会というものはなかった。したがって各修道院長の権威が大きかったのである。

聖コルンバヌス

アイルランド最大の宣教者といわれるコルンバヌス（五四三頃―六一五）は、アイルランド北部のバンゴール修道院で修道士となり、文学的教養を身につけた。この修道院は聖コムガル（五一六―六〇二）によって建てられたものである。コルンバヌスはしばしばコルンバと混同されるが、別人である。五九〇年頃、彼は修道士たちの一隊を連れて大陸へ渡り、ライン河をさかのぼってストラスブルクの近くのヴォージュ山脈の中に、次々と修道院を建てた。アングレ修道院、フォンテーン修道院、リュクスイユ修道院などである。これらのアイルランド系の修道院は、当時ガリアにおいて、教養と福音宣教の中心となったのである。しかしコルンバヌスは、当時のメロヴィンガ王朝の不道徳を批判し、またガリアの司教たちの修道院に対する監督権を拒否したため、追放されてしまった。彼はスイスへ逃れ、コンスタンツ湖畔のベグレンツへ移った。さらに晩年には、北イタリアのボッビオに修道院を建てて、そこで没したのである。

アイルランド・ケルト系の修道院は、口頭伝承による教えに頼っていたとも言われているが、コルンバヌスは、修道戒律を書いている。彼は東方の教父たち、カシアヌス、ヒエロニムス、バシリウスを参考にして、二つの戒律を起草した。『修道士の戒律』と『共住修道戒律』である。この『共住修道戒律』は、名前のつけ違いとも言われ、戒律そのものではなく、戒律に違反した場合の罰則規定である。このコルンバヌスの書いた戒律は、同時代に書かれたベネディクトゥスの『戒律』と較べると、その違いに驚かされる。そこにあるのは、苛酷な禁欲と、それにもまさって過激な罰則であり、ベネディクトゥスの『戒律』にある分別（discretio）はその片りんも見られない。

コルンバヌスの戒律

『修道士の戒律』によれば、修道院の精神は裸である。「裸、および富の軽蔑が、修道士の第一の完成である。」すべての余計なものは、霊魂から奪われ、火と剣によって攻撃されなければならない。特に「欲望は踏みにじられるべきである。」修道士の戒律の最大の部分は禁欲である。この禁欲こそ善き修道士にとっての「慰め」であり、「殉教者の至福」なのである。それは単に肉体を苦しめるのみでなく、意志の屈服でもある。なぜなら修道制は「従順」と言ってよいからである。そこでは一切の我意の撤去、完全な従属、無意志、上長の命令への同化がなければならない。このことはいかに苛酷であろうとも、熱意と歓喜をもって行わなければならない。食事は粗末であるべきで、日が暮れて後にのみとるように命じられる。それも飽食は許されない。野菜・果物・麦粉と水、これだけが修道士の食事である。毎日祈り、働き、読まなければならない。ひんぱんに断食し、絶えず飢えていなければならない。

『共住修道戒律』は、戒律そのものではなく、罰則規定である。これも輪をかけて厳しい。罪を詳細に列挙し、それぞれに対する罰を定めている。道徳的な罪ばかりでなく、修道院の慣習に違反した時、さらには礼儀作法に違反した場合も、罪として規定されている。たとえば、聖務の最中に咳払いをしたとか、聖歌の文句を間違えたというような、悪意でない違反も罪となっている。唾を吐いて祭壇を汚した者は『詩篇』を二十四章分祈らなければならない。また壁を汚した者も『詩篇』六章分祈らなければならない。祈りの時間に遅れた者は『詩篇』を五十章分唱えるか、鞭打ちを五十回受ける。「アーメン」を祈りの後に言うのを忘れた者は、鞭打ちを三十回受ける。爪を切らずに祭壇についた司祭、ひげを剃らずに祭壇に近づいた助祭は、鞭打ちを六回受ける。特に立会人なしに女性に話しかけた者は、二百回鞭打たれるのである。

コルンバヌスの戒律の極度に厳格な罰則は、ベネディクトゥスの穏健な『戒律』と較べて普及性にとぼしかった。またコルンバヌスの戒律が、禁欲的道徳を強調するあまり、修道院の制度的規定をはっきりさせず、院内の日常生活の規則的進行を示していなかったことは、ベネディクトゥスの『戒律』に、それらが明確に指示されているのと較べて対照的である。実用性においては、ベネディクトゥスの『戒律』に勝るものはなかったのである。またコルンバヌスが、典礼の様式、特に復活祭の期日について、アイルランドの習慣を固守したことは、大陸で大きな抵抗をひき起こした。

しかしコルンバヌスの戒律が、歴史的に重要な役割を果たしたことは忘れてはならない。第一に彼が、修道院の司教権からの独立を求めたことは、後にベネディクトゥスの『戒律』を受け入れた修道院でも受け継がれた。また第二にコルンバヌスに従う修道士たちが、異教徒に対する布教と、キリスト教徒の司牧に活躍したことは、大きな功績である。第三には、コルンバヌスの著書『痛悔の書』に端的に示された、罪に対する悔悛と、告悔の秘跡への勧めである。これは当時の、ローマ・ゲルマン社会における、犯罪の責任を家族や部族が負う慣習を改めて、罪の責任を個人が意識するように目覚めさせたことで、世界史的意義を持つものである。

コルンバヌスの書いた『修道士の戒律』は、大陸のアイルランド・ケルト系修道院で継承され、彼の死後も、弟子たちによって付加されていった。弟子たちのうち代表的な人物は、北フランス・ベルギーの使徒、聖アマンドゥス（六七五没）、フォントネル修道院の創立者聖ウァンドリル（六六七没）、ジュミエージュ修道院の創立者の聖フィリベール（六八四没）、ルーアン司教でルベー修道院の創立者の聖オーエン（六一〇―六八四）、サンテュール修道院の創立者の聖リキエー（七世紀前半）らである。彼らはアイルランド的修道生活とコルンバヌスの戒律をガリアにひろめた。

しかしこのコルンバヌスの戒律の中に見られるケルト的習慣への頑固な固執は、ガリアでは猛烈な反撥をまねいた。彼らの修道院の中ですら不一致を生じることもあった。そこでコルンバヌスの弟子たちは、次第にケルト的な典礼の特殊性や、アイルランド的な極端な厳格さを捨てていった。コルンバヌスの戒律は捨てなかったが、それを他の戒律と結び合わせていったのである。ベネディクトゥスの『戒律』は、その頃から知られるようになったと思われる。

七世紀から八世紀にかけて、ベネディクトゥスの『戒律』とコルンバヌスの戒律の併用が増えていき、リュクスイユ修道院とその傍系の諸修道院もそうなっていった。『戒律』の中庸の精神が、コルンバヌスの弟子たちに均衡を与え、ローマ的な典礼が諸修道院で採用されるようになったのである。

ベネディクトゥスの『戒律』の浸透

ベネディクトゥスの『戒律』が、どのようにしてガリアに浸透していったのかは、よくわからないが、七世紀はじめ頃から知られていたらしいことは確実である。しかしどのような経路を経てかは不明である。五九六年に、教皇グレゴリウス一世が、イングランドへ布教団を送った時、彼らが『戒律』を携えて行ったということは、考えられるが証拠はない。

最古の証拠は、六二〇年から六三〇年頃書かれたある書簡の中にみられる。南ガリアのアルタリパ修道院の創立者ウェネランドゥスが、アルビの司教コンスタンティウスに宛てたものである。その修道院はその司教区の中にあった。ウェネランドゥスは司教に、ベネディクトゥスの『戒律』の写しを送ると述べて、アルタリパ修道院にその『戒律』を課すように求めている。

その少しあと、コルンバヌスの弟子でブザンソンの司教となったドナトゥスという人が、彼の母が建てた女子修道院のために戒律を書いた。その戒律は、カエサリウスの戒律およびコルンバヌスの戒律にも拠っているが、大部分はベネディクトゥスの『戒律』からとられている。さらにリュクスイユにおけるコルンバヌスの第二の後継者、ウアルデベルト（六二九―六七〇）は、『戒律』を新設の諸修道院に導入したが、おそらくリュクスイユ修道院にも導入したと思われる。

七世紀には、北東ガリアのコルンバヌスの戒律を奉じていた諸修道院の網の目の中に、ベネディクトゥスの『戒律』が行き渡って行ったらしい。当時の多くの史料には、諸修道院で奉じられていた戒律が、「混合戒律」であると記されている。コルンバヌスの戒律とベネディクトゥスの『戒律』が併用されていたのである。コルンバヌスの弟子たちは、『戒律』の普及にも力を貸したのである。コルンバヌス自身が、ベネディクトゥスの『戒律』を知っていたという可能性もないとは言えない。それは、コルンバヌスの戒律の中に、ベネディクトゥスの『戒律』の影響と思われる叙述の順序と用語法がある、と言う人もあるくらいだからである。

実際コルンバヌスは、ベネディクトゥスの『戒律』に容易に接することができる環境にいた。彼はリュクスイユにいた間に、教皇グレゴリウス一世と文通しているし、しかもイタリアのボッビオで死んだのである。この接触の可能性は、憶測の域を出ないが、少なくとも彼の死後、弟子たちが、ベネディクトゥスの『戒律』を採用したという推測を強めるものであるとは言えよう。このようにして導入された「混合戒律」という体制は、やがてコルンバヌスの戒律を犠牲にして、ベネディクトゥスの『戒律』の独占的受容となっていくのである。『戒律』の中庸の精神が、コルンバヌスの弟子たちに均衡を与えた。そしてローマ的な典礼も行われるようになった。なお『戒律』が独占的に受け入れられるようになっていく過程を促進したのは、アングロ・サクソンの修道院運動であった。

イングランドのキリスト教化

教皇グレゴリウス一世は、ローマ帝国の残した文化と秩序が、衰亡の一途にあった時代に、大胆にも世界の果への宣教に乗り出したのである。五九六年、彼は自分の創立したカエリウスの丘にある、聖アンドレア修道院の副院長アウグスティヌスを団長として、四十人の修道士をイングランド宣教へ送り出した。ケントの王エセルベルトの王妃はキリスト教徒だったので、修道士たちはカンタベリーに定住することを許された。王も結局はキリスト教徒となった。一世代のうちにキリスト教信仰はケント、イースト・アングリアに広まって、七世紀末にはアングロ・サクソンの七王国はキリスト教化されていた。

一方この間、アイオナとリンディスファーンから出発して行ったケルト・アイルランド系の修道士たちは、ノーサンブリアをキリスト教化しつつあった。ケルト・アイルランド系修道士たちの北からの影響とローマ系の南からの影響が混ざり合うことになった。そこにはケルトの慣習と、ローマの典礼の慣習の違いがあった。そこで六六四年、ノーサンブリア王オスウィンは、ホイットビーに教会会議を開き、ローマの慣習を支持して、結局ローマが勝利することになったのである。

ローマから来てカンタベリーに定住した布教者たちは、修道士であったが、彼らがベネディクトゥスの『戒律』を奉じていたかどうかは、語られていないのでわからない。しかし『戒律』は、七世紀後半にはイングランドの南方にも、ノーサンブリアにも広く知られるようになっていた。ただそれが、どのようにしてイングランドに渡ったのかを示す証拠はないのである。

それは教皇グレゴリウス一世の布教によってもたらされたのかもしれない。しかし『戒律』

は、南方のケントよりも北方のノーサンブリアの方に、より早く渡来した可能性がある。その伝播者は、ヨークの聖ウィルフリッドであると推定されている。

アングロ・サクソンの修道院文化

『戒律』を伝播したヨークのウィルフリッド（六三四―七〇九）は、彼の伝記作者エッディウスによれば、『戒律』をリポンとヘクサムの修道院へ導入したという。彼は六六〇年頃にリポンの修道院長であった。修道院長になる前に彼はローマへ旅している。この旅の途中に、彼はリヨンに長期間滞在した。大陸において彼はすべてのローマ的なものに魅せられ、帰国後の六六四年に行われたホイットビーの教会会議では、ローマ的慣習の擁護者の一人であった。六八〇年代に、ウィルフリッドは一人の巡歴説教を行う修道士を、サセックスへ送った。その修道士はソールシーに修道院を建てた。したがって『戒律』のイングランド南部への普及は、ウィルフリッドが口火を切ったとも考えられている。

イングランドにおけるローマ典礼と『戒律』の擁護者に、もう一人、聖ベネディクト・ビスコップ（六二八―六八九）がいる。彼はノーサンブリアの貴族の出身で、六五三年にウィルフリッドのローマへの旅に随行した。その後に、六六五年から六六七年までフランス南岸のレラン島で過ごし、そこで六六六年に修道士となり、ベネディクトという名をもらったのである。

彼が当地で『戒律』に接したことは、大いにありうることと言えよう。彼は六六九年にイングランドへ戻ったが、その時一緒であった聖テオドルスというギリシア生まれの修道士がいた。このテオドルスは、六六八年に教皇ウィタリアヌスによってカンタベリーの大司教に任命されていた。また、かつてナポリ近傍の一修道院の長であったアフリカ生まれのハドリアヌスも一緒だった。この人はのちにカンタベリーの修道院長となった。

ベネディクト・ビスコップは、ヨークの近くの東海岸に、六七三年にウェアマウス、六八二年にはジァロウの修道院を建てた。そしてここに、アングロ・サクソン修道院の文化の華が開いたのである。ここで、『英国教会史』の作者として名高い、ベーダ・ウェネラビリス（六七三—七三五）が活躍し、その作品において文化は絶頂に達した。ここウェアマウスとジァロウにおいて、ベネディクトゥスの『戒律』は、極めて尊重されていたが、そこで用いられた唯一の修道戒律というわけではなかった。しかし注目すべきは、『戒律』の現存する最古の写本が、ベーダの時代、すなわち八世紀はじめにイングランドで、おそらくウスターで筆写されたということである。これが今に残るオクスフォード写本である。

聖ボニファティウス

アングロ・サクソンの修道士たちは、海を渡って大陸へ布教を企てた。ウィルフリッドによって始められたオランダ・ベルギー地方への布教は、ノーサンブリアの修道士ウィリブロード（六五八―七三九）によって完成された。彼はリポン、ついでアイルランドで教育を受けた人であった。アングロ・サクソンの修道士で布教者として最大の人物は、ウィンフリス（六八〇―七五四）、後に改名してボニファティウスとなった人である。

彼はウェセックスに生まれ、エクスターとナースリングの修道院で教育され、ウィリブロードの下で活躍した。そして七一九年、教皇グレゴリウス二世によってゲルマニア（ドイツ）の布教をまかせられた。それから七五四年に北方オランダのフリジアで殉教するまで、彼はイングランド出身者たちおよび彼自身が大陸で教育した多数の修道士・修道女を伴って活躍し、また大陸の聖職者の協力を得て、ゲルマニアに教会の組織を作った。またフランク王国の教会の改革も行った。彼はこの仕事にあたって、教皇とカロリンガ朝の君主たちの大きな協力を得たのである。

ボニファティウスと彼の協力者たちは、ベネディクトゥスの『戒律』を、彼らの勢力の及ぶ限り広め、それをフランク王国における修道院改革の基礎としたのである。ボニファティウスと彼の弟子たち以後の史料には、ベネディクトゥスの『戒律』以外の戒律に言及がなされていない。そこには単純に戒律（Regula）とか聖なる戒律（Sancta Regula）とだけ書かれている。したがって八世紀の間に、ベネディクトゥスの『戒律』は、混合戒律をとっていた諸修道院の中で、コルンバヌスや他の戒律を次第にしのいでいったのである。その優位をもたらすのに、アングロ・サクソン修道院の布教運動は大いに貢献したのである。

第十三章　『戒律』の勝利

シャルルマーニュとカロリンガ朝ルネサンス

八世紀のうちに、西欧の修道制の中で、ベネディクトゥスの『戒律』は優位を得た。けれども八〇〇年までは、完全に勝利を収めたとは言えなかった。それをもたらすことになったのは、シャルルマーニュ（カール大帝　フランク王在位七六八―八一四、西ローマ皇帝在位八〇〇―八一四）の長い治世の間に行われたカロリンガ朝の改革運動であった。

シャルルマーニュは、武力によって、西方にローマ帝国の復活ともいえる統一をもたらした。彼の帝国は、統合されたとはいえ、多くの民族・部族から成り、言語も法律・慣習も雑多であった。そこでシャルルマーニュは、それらを共通の要素で統一する手段として教会を考えた。特に典礼の用語にラテン語を用い、その普及に心を注いだのである。

いわゆるカロリンガ朝ルネサンスは、この帝国内のどこでも共通な典礼を、共通なラテン語で唱えうるように、言葉や知識を習得するための、文化保護政策の結果であったと言えるのである。これに加えて司教座と修道院が、文化政策の基盤として考えられていた。修道院は真の霊性を持ち、文化の中心となることが大切であるとみなされた。そのために修道戒律も統一されることが必要である。そこで注目されたのがベネディクトゥスの『戒律』である。それはまさにローマ的であり、当時その卓越性が認識されつつあった。シャルルマーニュはこの方向で改革を進めていた。しかし決定的な政策は、彼の後継者ルイ敬虔王（在位八一四―八四〇）によって行われたのである。

アニアヌの聖ベネディクトゥス

アニアヌのベネディクトゥス（七五〇―八二一）は、もとウィティツァという名で、宮廷に仕えていたが、七七四年頃ブルゴーニュのサン・セインで修道士となった。七七九年、彼は南フランスのラングドックのアニアヌにあった、自分の家族の領地に修道院を創立し、自ら修道院長となった。はじめは東方修道制にかたよった厳格な生活をしていたが、次第にベネディクトゥスの『戒律』こそ西方の精神・風土に適していると確信するようになった。彼の修道院には三百人ほどの修道士が集まり、巨大な組織となって修道院改革の中心となり、ルイ敬虔王の注意をひくことになった。

ルイ敬虔王は、アキタニアの王領内にある修道院を、再組織するようにベネディクトゥスに望み、ベネディクトゥスは彼の修道士たちをアキタニアへ送った。そして『戒律』による改革を行い、やがて諸修道院の連合体を組織した。八一四年にルイ敬虔王が皇帝になった後には、この改革は王国全域に拡大された。アーヘンの宮廷の近くにも王室の修道院が建てられ、ベネディクトゥスはその修道院長となった。そこの規律が帝国全体の修道院生活の模範となり、さらにフランスやドイツの修道院に標準的な規律を守るようにする権限が、ベネディクトゥスに与えられた。

この目的のために、ベネディクトゥスは勅令を起草した。それが八一六年と八一七年にアーヘンで開かれた帝国全体の修道院長たちの会議で発布されたのである。ここで定められた規律を学ぶために、全国の修道院から修道士たちが、王室の修道院へ送られて来た。またこの規律への従順を見守るために、監督官が任命されて、諸修道院を訪問することもあったという。

『戒律』の写本とその普及

シャルルマーニュは七八七年に、モンテ・カシーノを訪問したことがあり、ベネディクトゥスの自筆の『戒律』も見たらしい。その際、正確な写本を作らせて、アーヘンへ送らせた。この写本は王室の修道院に保管されていた。ここでアニアヌのベネディクトゥスの修道院改革を学んだ各地の修道士たちが、この写本の写しを作って持ち帰ることは容易であったと思われる。現在も残る重要な写本、ザンクト・ガレン写本は、この配慮の生んだものであり、その成立過程がわかっているだけに、ベネディクトゥスの自筆文書の正確な写しとされているのである。

アニアヌのベネディクトゥスは、重要な著作を二つ残した。一つは、既存のラテン語の諸戒律を集めた *Codex Regularum* であり、もう一つは、諸戒律の抜粋をベネディクトゥスの『戒律』と並記した *Concordia Regularum* である。これは『戒律』の註釈とも言えるもので、その伝統的意義を示したものである。

アニアヌのベネディクトゥスは、八二一年に没し、ルイ敬虔王のあと、その子供たちの内輪争いで、帝国は四分五裂となったため、その改革は短命であった。しかも九世紀後半には、ノルマン民族の侵入や、サラセン人の来襲によって大陸は荒らされ、修道院の多くは破壊された。カロリンガ朝の計画は完成されず、中途半端に終わったのである。しかし諸修道院が再建されるようになった時、それはアニアヌのベネディクトゥスの敷いた路線にそって行われたのである。大陸でもイングランドでも同じであった。その意味で、『戒律』普及におけるアニアヌのベネディクトゥスの貢献は、きわめて大きかった。

カロリンガ朝の修道院政策の中心となったのは、『戒律』の独占的使用であった。しかしその勢力の及ばないところでは、『戒律』はあまり使用されなかった。たとえば、スペインでは、

『戒律』は十一世紀頃まで根づかなかった。とはいえ結局、他の戒律はすべて用いられなくなり、ベネディクトゥスの『戒律』の勝利となるのである。しかしこれは、西欧における理想的な修道生活の確立に直結したということではない。その後も修道院は改革をくり返していくことになるのである。

クリュニー修道院の改革

九世紀後半から、ヨーロッパ大陸はノルマンやサラセンの侵略にさらされた。西欧の社会は国制的には封建的君臣関係がすすみ、社会経済的には荘園制度が発展して、公権が弱まり、私権と私的所有権が強く圧倒的になる。この私的な支配の波は世俗社会のみでなく、教会をも巻き込み、私有教会制にまで発展した。各地の司教座や修道院が、地方の有力者の私有物となったのである。そこでは当然、修道院の世俗化と規律のゆるみが起こり、聖務を行うことにも支障をきたすようになった。

このような教会と修道院の世俗化・私有化に対して、十世紀になると、改革運動が起こった。十一世紀に教皇庁を中心とする改革運動は、教皇グレゴリウス七世（在位一〇七三—一〇八五）のグレゴリウス改革として歴史に残っている。修道院の改革運動は、これに先んじて各地で行われたが、その最も有名なものは、クリュニー修道院を中心とする運動であった。これは修道院を地方の権力者の私有から解放し、キリスト教世界のための祈りの場とし、修道士たちの宗教的・道徳的水準を高めようとする改革運動であった。

クリュニーは、ブルゴーニュのディジョンの近くにある。九一〇年、ここアキテーヌ公ギヨームの領地内に、修道院長ベルノーによって修道院が創立された。そこではアニアヌのベネディクトゥスの意志を継ぎ、ベネディクトゥスの『戒律』を奉じ、その祈りと修道の生活が確立された。二代目の修道院長となった聖オドー（八七九―九四二、院長在位九二七―九四二）は、改革を推し進め、修道生活のための細則を制定してクリュニー会憲と称し、散在する傘下の諸修道院を統一して、教皇庁に直属するものとした。

かつては、修道院は一つ一つ独立した存在であった。クリュニーはそれらを組織して、母院を中心とする多数の修道院の集合体としたのである。このような修道院集合体を修族（congregatio）と言い、のちに発達した修道会（ordo）の前身である。そしてクリュニーと傘下の諸修道院は、世俗の領主の私有物から脱し、地方の司教の裁治権からも独立したのである。オドーのあとも改革は続けられ、グレゴリウス改革の時、修道院長だった聖ユーグ（フーゴーとも言う。院長在位一〇四九―一一〇九）は、教会改革にも少なからぬ影響を与えたという。彼は教皇グレゴリウス七世とも親交があったのである。

他の修道院の改革運動

このような修道院の改革運動を展開したのは、クリュニーだけではなかった。他にも、フランスだけでも多くの修道院が、改革運動を進めたのである。九二三年に聖ジェラールが、ベルギーに創立したブローニュ修道院、九三三年にヴァンディエールのヨハネが改革したゴルツェ修道院、九三一年にクリュニーの修道院長オドーによって改革されたが、後に独立したフルーリ修道院、九八九年にウォルピアーノのギヨームが改革したディジョンの聖ベニーニュ修道院、サン・ヴァンのリシャールが改革したヴェルダン修道院、などがある。

一〇三五年に、エルルアンが創立したノルマンディーのベック修道院もその一つである。この修道院から、後にカンタベリーの大司教になったランフランクスや聖アンセルムスが出た。これらの修道院は、規律や組織の細部は異なるけれども、いずれもベネディクトゥスの『戒律』を奉じ、私有教会性を脱し、修道制の改革をめざしていた点では共通である。

また他の国々でも同様の改革が行われた。イタリアでは、クリュニーのオドーの改革運動の影響が、各地の修道院に入った。十一世紀にはカヴァの修族が栄えた。イングランドでは、デーン人の侵入による荒廃のあと、十世紀になってから、聖ダンスタン（九〇九—九八八）、聖エセルウォルド（九〇八—九八四）、聖オズワルド（九九二没）により、大陸の模範に則って作られた『一致戒律』による修道院復興が起こった。スペインでは、十一世紀にクリュニーの修道士が『戒律』を持ち込み、サンティアゴ・デ・コンポステラへの巡礼路沿いに修道院を網の目のように建てた。ドイツでは、ヒルサウのウィルヘルムが、一〇七九年に修正したクリュニー会憲を持ち込んで、百を超える修道院の連合体を作った。そしてそれらはグレゴリウス改革を支持したのである。

改革された修道院の特色

クリュニーの特色は、中央集権、『戒律』の統一、典礼の発展、聖書と教父の集中的研究に基づく修道院的教養などであった。しかしそれらは、ベネディクトゥスの在世当時とは、時代も社会も異なることから、かなり違ったものになっていた。かつては修道院は一つ一つ独立していたので、prior と言えば、abbas（修道院長）の下にいる副修道院長のことであった。ところがクリュニーでは、修道院の連合体すなわち修族が作られたため、prior とは、クリュニー大修道院の院長 abbas の傘下の各修道院の院長を指すことになった。すなわちクリュニー修道院本院を封主として、傘下の諸修道院を封臣とする、一種の宗教的な封建王国が形成されたのである。

また修道生活の上でも、ベネディクトゥスの強調した肉体労働が消滅して、その代わりに、『詩篇』詠唱とミサ聖祭などの典礼や祈りに捧げられる時間が、大幅に増大した。そのため、修道士の労働による修道院の自給自足は不可能になり、修道院はその所有する領地・荘園からの上納や、一般の喜捨によって生活するようになった。

第三には、ベネディクトゥスは世俗社会と断絶した修道生活をめざしたのであるが、クリュニーでは、むしろ世俗社会に対する援助にのりだしたのである。慈善活動とか、旅人への宿泊施設の提供、医療活動などであった。当時このようなものがなかった時代であるから、世俗の人々にとってはありがたい存在であったろう。ちなみに西欧では、今日でもホテルに泊まる時、枕銭を置く習慣があるが、これは昔、修道院に宿を取った人が、そのお礼にと置いていったことがはじまりであるという。

中世の社会の変動

クリュニーは、巨大な修道院王国にまで発展し、十世紀から十二世紀まで繁栄を続けた。しかしこの間に、中世の社会には、大きな変動が起こっていた。前述の如く、九世紀後半にカロリンガ朝が崩壊して以後、封建制度・荘園制度が進み、都市と商業は衰退し、地方分権が発達して、自給自足的な静態的社会になっていった。しかし十一世紀の終わり頃起こった十字軍運動は、西欧の人々の眼を地中海とイスラム世界へ向けることになった。その結果次第に商業が盛んになり、バルト悔沿岸に展開したハンザ同盟の活躍と呼応して、遠距離商業への販路が成立した。また荘園社会の中では、三圃式農法の発展と、それに伴う農民の共同耕作によって生産が増大した。一方荘園内の手工業も、技術改良によって生産が増し、中世の産業革命とも言われる現象が起こった。余剰生産物は商品化して、各地に出回るようになった。中世社会の中に、商業と都市が復興していったのである。このように動態化しつつあった社会を背景に、文化教養の上で、十二世紀ルネサンスが生まれた。その個人主義的風潮は、宗教の領域の中にも入り込みはじめた。

ここにクリュニーの封建王国的な組織に対して、各修道院の独自性を求め、またクリュニーの典礼を中心とする団体的修道重視に対して、個人的な祈りと禁欲を求める、新しい修道会が次々と現れてきたのである。注目すべきは、これらの新しい修道院運動のほとんどすべてが、依然としてベネディクトゥスの『戒律』を基本として採用し、それに新しい会憲すなわち細則をつけることによって、新味を加えたということである。このことは、『戒律』がいかに模範的なものであって、時代を超えた普遍性を持ち、また新しい状況に常に適応する弾力性を秘めていたかを示すものである。

新しい修道会

これらの新しい修道会のうち、最も早く現れたのは、カマルドリ会であった。それは、一〇一〇年、聖ロムアルドゥス（九五〇―一〇二七）によって創立された。彼は『戒律』を隠修士的な傾向、すなわち孤独な修道の実践と結合したのである。彼がイタリアのマルケ地方に創立したフォンテ・アヴェラーナの修道院では、同じ生活形式がより厳格さを強調したかたちで、彼の弟子聖ペトルス・ダミアニ（一〇〇七―一〇七二）に継承された。ペトルスの書いた『ロムアルドゥス伝』は、中世における隠修士的修道を描いた興味ある読み物である。ロムアルドゥスが、修道の場所を変えようとした時、地域の住民たちは、超自然的な聖徳による保護がなくなるのを恐れて、ロムアルドゥスを殺して聖遺物として手元に置こうと企てたという。著者ペトルスは、それを「不信仰な信仰」と言っているのである。

一〇二二年には、聖ヨハネス・グアルベルトゥス（九九〇―一〇七三）が、厳格な素朴さを強調して、完全な共住修道士の生活をする修道院を中部イタリアのヴァロンブローザにつくった。また一〇九九年に、アルブリッセルのロベルトゥス（一一一七没）によって、フランスのロアール河流域のフォントヴローに創立された修道院は、ベネディクトゥスの『戒律』を奉じ、厳格な隠修士の生活と巡歴説教とを結合したものであった。ここでは、裁治権を行使する一人の女子修道院長の下に、多数の修道士と修道女がいて、修族をつくっていた。この修族は百以上の修道院を擁するまでに発展したのである。

一〇八四年に、聖ブルノー（一〇三二―一一〇一）は、フランスのスイスに近い山地、シャルトルーズの荒れ野に赴き、少数の仲間と共に孤独な修道生活を送った。これがカルトゥジオ会の始まりであった。六年後に彼はローマへ呼ばれ、教皇ウルバヌス二世の顧問となったが、その後南イタリアのカラブリアのラ・トレにも修道院を建て、そこで死んだ。カルトゥジオ会は、ベネディクトゥスの『戒律』は奉じなかったが、孤独な隠修士的な修道をする会であり、沈黙を重んじる。一一二七年に、グイゴ（一〇八四―一一三六）によってカルトゥジオ会憲が定められ、修道会としての体裁が整えられた。

シトー会の発展

新しい修道会の中で、のちに最も発展したのはシトー会であった。一〇九八年、ブルゴーニュの沼地であったシトーに、モレームの聖ロベルトゥス（一〇二七―一一一一）が、二十一人の仲間たちと修道院を創立した。厳しい戒律を守る伝統的な修道院であったが、ベネディクトゥスの『戒律』を文字通り遵守し、孤独な修道と厳格な清貧を重んじるのが特色であった。ロベルトゥスは教皇により、モレームへ帰るよう命じられたが、アルベリクスがそのあとをつぎ、さらに一一〇八年、聖ハルディングス（一一三四没）がついで修道院長となった。彼の厳格な指導の下にあった一一一二年、ここにクレルヴォーの聖ベルナルドゥスが、三十人の仲間と共に加入した。ベルナルドゥスはシトー会の第二の創立者といわれている。シトー会は、

『戒律』に重んじられている労働を取り戻し、修道院の世俗との接触を非難した。シトー会の修道士たちは、人里離れたところに修道院を建て、荒れ地を開墾して、もっぱら観想と労働につとめたのである。

クリュニーを含め、旧ベネディクト系の修道士たちが、黒い修道服を着ていたのに対し、シトー会では、清貧を重んじて、染色しない白い服を着用したので、白衣の修道士と言われた。クリュニー系の聖堂が、装飾をしたり、柱頭に彫刻をしたり、塔を建てたりしていたのに対し、シトー会の聖堂は全く装飾をしない簡素なもので、塔は建てなかった。

ベルナルドゥスは、一一一四年にシャンパーニュ地方のクレルヴォーに修道院を建て、そこの院長となった。彼は雄弁で、説教家としてはその右に出る者はなかった。その説教を聞くために、多くの若者たちがクレルヴォーにおしよせ、シトー会への召命の洪水となったという。その後の一世紀はベルナルドゥスの世紀といわれるほどであった。シトー会はスカンディナヴィア半島からバルカン地方まで、またアイルランドから聖地にまでも進出して多くの修道院を建てたのである。

一一三四年にハルディングスが亡くなった時、シトー会の修道院は十九になっていた。しかし一一五三年にベルナルドゥスが亡くなった時には、三百四十三に増え、十二世紀の末には五百二十五にまで達したという。シトー会は、厳格に『戒律』による統一を守ったが、クリュニー母院のような中央集権的な体制は取らなかった。シトー母院はそこから直接発した娘修道院の群れと、相互に規律を監督する体制をとった。また同じように娘修道院はおのおの、そこから直接発した孫娘修道院と相互に規律の監督をした。また以下の修道院も同じ相互監視体制をとったが、これを修道院の母娘関係（filiatio）という。シトーの母院の名誉といえば、年に一回の総会が当修道院で開かれるというにとどまった。

これは、クリュニーの封建王国的組織と較べ、より民主的な制度といえる。しかしそれにもかかわらず、クリュニーが傘下の修道院を、自分の手一つで統轄するのと較べ、シトー会の相互監視システムはかえってより効率的に規律を保持することができた。しかしシトー会の驚異的な発展は、皮肉にも本来の主旨に反して、彼らが嫌っていた富と権力と俗事への関与にと、彼らを導くことになった。

新しい修道会は、労働のために助修士（conversi）の制度を発展させた。それははじめヴァロンブローザで現れ、のちにヒルサウでも発生し、ついでシトーでも人数が非常に多くなっていった。彼らは正規の修道士のように『詩篇』詠唱や霊的読書をしなくてよい。その代わりに彼らは「主の祈り」や「アヴェ・マリア」などの短い祈りを唱えるほかは、もっぱら労働に従事して、修道院の生活を支えた。なぜなら彼らの多くは聖なる人であったが、文盲であって、平信徒であったからである。彼らは週の大部分を修道院から遠く離れた農場（grangia）で働き、日曜日だけ修道院に帰ってきてミサにあずかった。後になってようやく彼らは第二級の修道士とみなされるようになった。この助修士の力を借りてシトー会は、経済的に大発展し、大量の農産物と羊毛の取引きを行い、ヨーロッパの経済に大きな貢献をしたのである。

女子修道院

修道制の歴史においては常に、男性と全く同じように、女性が充実した修道生活を送った。そのはじめから東方において、女性は修道制のために重要な役割を果たした。『教父の教え』の中には、砂漠における女性の隠修士のことが書いてある。パコミウスは、童貞女のための修道院を創立したし、バシリウスは彼女たちのために戒律を書いた。ヒエロニムスとルフィヌスの仲間となったパウラとメラニアという女性たちは、修道制の普及に貢献した。

教皇グレゴリウス一世（マグヌス）も、ベネディクトゥスの近くにいた女性たちについて語り、特に姉妹のスコラスティカについて、その祈りの力を印象深く描いている。アングロ・サクソンの世界で、修道女は特に重要であった。ホイットビーの修道院長ヒルダは、男性の修道院と女性の修道院の双方を指導していた。ボニファティウスも、その書簡の中で、しばしば女性の協力者たちに言及している。

中世では、女性が修道院に入る条件として、持参金が課されていた。そのため、貴族か中産階級以上の身分でないと入れなかった。また西欧の諸法律は、女性の地位を制限していた。それでも多くの女子修道院は存在し、さまざまな困難を抱えながら巧みに統治されていた。イングランドでは、女子修道院は毛織物貿易に大きな役割を果たしていた。それはその修道院で、多数の羊を所有していたからである。また十三世紀から十四世紀頃、イングランドの多くの女子修道院長が、議会に召集されたことがある。それは王が修道院に課税しようとしたからである。

このような世俗の問題にかかわった者もいた反面、ビンゲンの聖ヒルデガルト、聖メヒティルド、聖ゲルトルートのように、高貴な霊性と深い教養の花を咲かせた女子修道院長たちもいた。十世紀頃に、サクソニアのガンデルスハイムの修道女フロスヴィタは、著作家・詩人・テレンティウスの翻訳者として大きな名声を博した。彼女の詩の多くは、女性は弱い者という古典的な女性観に反対することをそのテーマとした。

ヘッセンのルーペルツベルクの女子修道院長であったビンゲンのヒルデガルト（一〇九八―一一七九）は、神聖ローマ皇帝フリードリヒ・バルバロッサ（在位一一五二―一一九〇）に医師として仕えた。彼女の『身体の構成要素について』という著書は、彼女がまれに見る科学的観察眼を備えていたことを示している。彼女は十二世紀における最も有名な自然学者の一人であった。

世俗社会からはもちろん、男性の修道者からの厳格な隔離にもかかわらず、修道女の生活は、修道士の生活と全く同じであった。彼女たちはしばしば修道士以上に実り豊かな、『戒律』厳守の生活を営んでいた。そして彼女たちは、キリスト教徒として、成聖へ達すると共に、人々を導くための模範を示したのである。

ベネディクトゥスの『戒律』は、十一世紀および十二世紀に発達した修道院文化の中で、実を結んだ。修道院の霊的読書は、同じような基調でありながら、多彩な宗教文学を生んだ。それらは、いわゆる十二世紀ルネサンスの中に花を咲かせたのである。クレルヴォーのベルナルドゥス、サン・ティエリのギヨーム、リーヴォーのアエルレドゥスらはシトー会系の修道士であり、また他にフェガンのジャン、セルのピエール、ペトルス・ウェネラビリスらはベネディクトゥス系、ギュイ一世およびギュイ二世はカルトゥジオ会の修道士であった。彼らは、宗教的世界に浸って、沈黙と祈りによって養われた自己の修練と、内的回心に基づくものを、「修道院神学」として生み出したのである。

第十四章　十三世紀より現代までの『戒律』の衰退と刷新

新しい修道会の出現

十二世紀に開花の絶頂を見せた、ベネディクトゥスの『戒律』を奉じる修道院の業績は、十三世紀から衰退に向かいはじめた。十一世紀の末、グレゴリウス改革の時代より、すでに各司教座は、司祭たちの規律を高めるために、『アウグスティヌス戒律』を課する試みが行われていた。司教座に所属している聖職者で修道戒律に従って生活するものは、修道参事会士(canonicus regularis)と呼ばれていた。これらの中から、独立した修道会を形成するものが現れた。一一一三年に、ギヨーム・ド・シャンポーが創立したサン・ヴィクトール会、一一二〇年に、聖ノルベルトゥスが創立したプレモントレ会などがそれである。彼らは従来の修道士とは異なり、修道院の壁の中で、祈りの生活を送るのではなく、むしろ外に向かって福音宣教や司牧に活動するのである。

この実践的な活動、祈りよりも宣教や司牧を求める傾向は、十三世紀になると、托鉢修道会の出現により一層強められた。托鉢修道会は、単に個人の財産を放棄したばかりでなく、修道院の共有財産をも放棄して、托鉢しながら人々にキリストの教えを説いたのである。彼らの活動の場は、従来、修道院のあった田園や農村ではなく、当時台頭しつつあった都市の中であった。この新しい托鉢修道会は、時代の変化にともなって、急速に発展し、従来のベネディクトゥスの『戒律』を奉じていた諸修道院をしのいでいったのである。これらの托鉢修道会には、フランシスコ会、ドミニコ会、カルメル会、アウグスティノ隠修士会などがある。

従来の修道院の衰退

従来の修道院は、封建制・荘園制の環境の中にあり、都市生活への適応ができなかったため、次第に衰退へと向かっていった。それに中央集権化を急ぐ世俗の君侯たちは、修道院の財産に眼をつけて、これを奪い、修道院の経済的基盤も破壊した。黒死病（ペスト）と百年戦争は、修道院の人口も激減させた。さらに起こった教会分裂の中で、諸修道院は、どの教皇に忠誠を捧げるべきかわからなくなってしまったのである。

最もはなはだしい弊害は commendam 制であった。これは修道士ではない外部の者が、修道院長となり、その修道院の歳入を徴収する制度である。そのような修道院長は、自分は修道士の生活はせず、修道生活の指導もしなかった。これは『戒律』の基礎である、修道院の霊的な父としての修道院長の存在を、完全に消滅させるものであった。

このような状況の下で、修道規律にも大きなゆるみが生じた。神を求めるより、安易な生活を求める者がしばしば受け入れられた。司祭職を持つ修道士が増えたが、彼らは、修道規律の制約を受けない在俗の聖職者となんら変わらない者が多かった。修道院の役職は、年金のついた職禄のようなものになってしまったのである。

十三世紀以後の改革運動

しかし、このような修道院の衰退を、一般化して考えることは誤りである。最悪の時代にも、雄々しく改革の試みがなされたからである。

十三世紀に行われた改革運動の一つは、イタリアの聖シルウェステル・ゴッォリーニにより、行われたものである。彼はモンテ・ファノに修道院を創立し、そこからサン・シルウェステル修族が発展して、改革運動を行った。また後に教皇ケレスティヌス五世となった隠修士、ペトルス・モローネは、モンテ・マジェラに修道院を創立し、そこからケレスティノ会という改革修道会が発展していった。

十四世紀には、聖ベルナルドゥス・トロメイが、シエナの近くの荒地で隠修士の生活を送った後、ベネディクトゥスの『戒律』を弟子たちに与えて、オリヴェト会という改革修道会を創立した。これらのうち、ケレスティノ会は現在消滅しているが、シルウェステル修族とオリヴェト会は存続しつづけている。

教皇庁もまた、修道院改革を試みた。すでに一二一五年に、教皇インノケンティウス三世によって召集された第四回ラテラノ公会議では、修道院は三年ごとに、国ごとの総会を開き、規律を確保するために巡察者を任命することが定められていた。しかしこの定めは、イングランドでしか行われなかった。再び一三三六年に、シトー会出身の教皇ベネディクトゥス十二世は、教書 *Summi Magistri* により、より詳細な改革計画を発表した。しかしそれもまた、長期的には効果が続かなかった。

十五世紀になると改革運動は、イタリアで偉大な展開を見せた。ルイス（ルドヴィコ）・バルボが、パドヴァのサン・ユスティナ修道院で改革を行ったのが皮切りとなり、各地に広がって行った。清貧・一所定住・共同生活の原則を復興させたのである。特に commendam 制を打破し、この修族に属する修道士たちには、毎年開かれる総会の権威に服させた。総会は、すべての上長を任命し、修道院長の移籍の権限まで持つことになった。この修族は一致修族（Congregatio de Unitate）と呼ばれていたが、一五〇四年にはモンテ・カシーノ修道院が加盟したので、カシーノ修族（Congregatio Cassinensis）と呼ばれるようになった。実際それは、イタリアのすべてのベネディクトゥス系の修道院を改革したのである。

スペインでは、ヴァラドリッド修族が、これに似たあまり過激ではない改革を行った。ドイツでは、commendam 制は確立しなかったので、それを排除する必要はなかった。したがって、より伝統的な改革が行われた。ブルスフェルト修族が形成され、百八十の修道院をかかえる統一体となった。オーストリアのメルクでは、単に規律の改革を行っただけで、修族の制度は取らなかった。フランスでは政治情勢によって、commendam 制を排除するためのあらゆる努力が挫折した。したがって改革も不可能となり、個別的な努力が若干の成果をあげただけであった。

宗教改革の影響

十六世紀に起こった宗教改革は、修道制に甚大な影響を与えた。イングランドでは、修道院は全面的に閉鎖されてしまった。修道士たちは大陸へ逃れて、そこで修道院を組織した。彼らはイングランドへの布教に努力したが、十八世紀に帰国を許されるまで、多くはフランスに留まっていた。

スカンディナヴィアの国々では、修道院は完全に消滅してしまった。オランダ、スイス、ドイツでは、状況はより複雑であった。プロテスタントになった地方では、修道院はすべて実質上消滅したが、そうでない地域では存続しつづけた。しかし、宗教戦争は、しばしば修道院に困難をもたらした。一方、イタリア、スペイン、ポルトガルでは修道院は安泰で、繁栄を続けていたのである。

反宗教改革と新しい修道会

反宗教改革が起こると、それに伴って近代的に改革された修道会が次々と創立され、大活躍をした。最も有名なのは、聖イグナティウス・デ・ロヨラの創立したイエズス会である。これらの修道会は、ベネディクトゥス系の修道院とは異なって、聖務を切りつめ、実践的な活動、布教・司牧・教育・社会事業などに重点を置いたものであった。

従来のベネディクトゥス系の諸修道院でも、生き残ったものは国ごとに修族にまとめられ、規律を守るようにした。フランスでは、十七世紀初頭に、サン・ヴァン修族およびサン・モール修族が、イタリアのカシーノ修族を模倣して作られ、信仰の復興を成し遂げた。それらはcommendam 制と闘うために必要とみなされたものであった。サン・モール修族は、所属する修道院を二百ほども擁し、有能な修道士を育てて教会の学問に献身した。中でもパリのサン・ジェルマン・デ・プレの修道院は、ヨーロッパの学問の中心となった。モーリストと呼ばれたその学者たちは、近代における歴史の批判的研究の先駆者となった。また教父の著作の批判版を公刊し、それを凌ぐ者はいまだにいないのである。

シトー会でもこれと同じ頃、注目すべき改革が企てられた。フランスのラ・トラップ修道院で、アルマン・ジャン・デ・ランセによって改革が行われ、トラピスト戒律と呼ばれる生活のしかたが世に広がった。日本でもバターで知られる函館のトラピスト修道院はこの系列に属している。祈りと労働と沈黙は、この派の修道士たちの標語である。

修道院の破壊とその復活

十八世紀は、近代の啓蒙的合理主義の支配する時代である。この時代には、広範な規律のゆるみが生じた。中にはまだ規律を遵守する所もあったが、修道士は一般に不人気であった。彼らは修道院内での祈りよりも、社会に役立つ時に評価された。そのため、たとえばヨーゼフ二世の時代のオーストリアでは、修道院は閉鎖を避けるために、教区や学校の仕事などを引き受けるようになった。また、世俗の君侯たちは、修道院の財産に眼をつけ、それを没収する口実を見つけようとつとめた。

フランスで十八世紀に起こった大革命は、すべての修道院を一掃した。それに続く数十年の間に、修道院閉鎖の激しい波が、ヨーロッパ全体を襲った。ナポレオンの時代が終わるまでに、それまでの長い間に大きな役割を果たしてきた、数百にのぼるほどあった修道院は、三十くらいに減っていたと言われる。

十九世紀は修道院を復活させた。オーストリアでは、衰えながらも続いていた修道院が、その勢力を回復した。ドイツのバイエルン地方では、一度消滅した修道院が、革命前の路線に沿ってベネディクトゥス風に復活したと言われる。そのほかに過去とは完全に断絶し、新しい考えに基づいて再建されたものもあった。

新しい時代のベネディクトゥス系修道院

一八八三年、フランスのソレームに、プロスペル・ゲランジェによって創立された修道院は、新型のものであった。彼は慎重に熟慮した後、革命前のものと同じ修道生活を復活させることに反対し、むしろそれより古い時代の、中世初期の修道生活を再興したのである。その源泉への復帰は、不十分な点もあったが、フランスにソレーム修族を生み、新しい典礼運動の中心となり、多数の学者を輩出させるなど、未来に豊かな可能性を与えたのである。

これと似た典礼改革の運動が、一八六〇年代のドイツでも起こっている。マウルス・ヴォルターおよびプラキドゥス・ヴォルターによってたてられた計画に従い、ボイロン修族が形成されたのである。

今日存在するベネディクトゥス系およびシトー会系の修道院は、以上のような十九世紀の先駆者たちの努力によって改革された修道院である。彼らの中に、ベネディクトゥスの『戒律』は生きているし、今日でも彼らの修道生活の指針となっている。『戒律』は時代を超えた普遍性があることを示しているのである。

十九世紀の末、教皇ベネディクトゥス十三世は、すべての黒衣の修道士を、一つのベネディクトゥス連合に統一する計画を進めた。これはこれまでの各修族や、独立していた修道院を、ゆるい国際的結合組織にまとめあげようというものであった。すなわち、一人の総大修道院長(総長)を置き、すべての大修道院長と小修道院長を定期的に召集して、相互に関心のある問題を討議するようにしたのである。

白衣の修道士たち、トラピストすなわち厳律シトー会およびシトー会は、分離してはいるが、各々国際的統一を持っている。より小さなベネディクトゥス系の諸修道会、カマルドリ会、ヴァロンブローザ会、シルウェステル会なども、近年ベネディクトゥス連合の中に加入しているのである。

結

「歴史はくり返す」と言う。またそれに基づいて「殷鑑《いんかん》遠からず」とも言う。歴史の循環は、過去に現れた危機が、現在にも同じように人を襲うのであり、先人の失敗を、再びくり返すことのないように用心するように、教えるのである。

このような循環史観は、古代中国にあり、日本の中世の史書にも見え、西洋ではギリシア・ローマの古代を支配した歴史観であった。ツキジデスは、その『歴史』の冒頭で、そのような観点から、自分の書いた「ペロポネソス戦争史」は、不滅の大典であると言った。くり返す歴史が未来に同じ潮流に乗って生じた時、彼の『歴史』が人々にとって参考として省みられる、と考えたのである。

しかしながら、私は歴史をこのように、永久に回帰するものとは考えない。むしろ歴史は、はじめと終わりのある一回限りの進展と考える。それは、異教的古代の説いた永遠に循環する歴史観を突き破った、西洋のキリスト教的救済史観の立場であり、またそれを引き継いだ近代の世俗的進歩史観の立場でもある。歴史の過程は、全く一回限りの進行であって、一度消えて行った事象は、決して再び現れて来ることはない。

しかしこのことは、程度の差はあっても、似た現象が現れるのを妨げるものではない。その意味で、私は古代ローマ帝国の衰退と、現代の機械文明の破局との間に一種の類似を見るのである。いずれも自らの築きあげた巨大な機構の重みに、耐えられなくなった世界の姿である。古代ローマは都市国家を人間の完成と考え、その進展を究極まで追い求め、ついに世界的な都市国家の連合帝国を築きあげて、行き詰まった。近代ヨーロッパは、地上により快適な、より欲望を充たす生活環境を確立しようとあがき、ついに自らの生み出した機械文明によって、世界と地球を破壊しようとしている。この二つの文明には、似たところはあるが、後者の方が、機械と動力という致命的な破滅の推進力があるだけに、はるかに深刻な局面を迎えていると言えるであろう。

それはともかく、古代ローマ帝国の凋落期に、その支えとなったものはキリスト教であり、その修道制であり、そしてベネディクトゥスの精神であった。ベネディクトゥスは、都市国家の連合帝国の外に出て、その絶望的な享楽主義の世界から離脱したのである。ローマ人の現世的な、絶望的な状況の中で、祈りと禁欲と労働の精神をもって生き、現世での生存に最善を尽くしながら、永遠の来世に思いを馳せたのである。ベネディクトゥスは、異教的な雰囲気の強く残る退廃的な都市生活を離脱したが、それは単なる逃避ではない。彼はキリスト教的完徳をめざして、農村に新しい宗教的な社会を建設したのである。彼の作った修道院は、慈父ともいうべき修道院長の指導の下に、修道士たちが互いにいたわりと、慈しみの精神をもって生きる社会であった。修道院の外の人々も客として迎えられた。修道士は、すべての人に対して畏敬と愛の精神を持っていたのである。

現代の機械文明の危機の中にあって、人々はもはやより豊かな、より快適な生活を求めることは許されない。すでに破壊しつくされた環境と、濫費して残り少ない地球のエネルギーを前にして、人類は、禁欲と節約を心がけ、一日でもその寿命をのばすしかない。より快適な生活が期待できなくなっても、祈りと禁欲と労働のうちに、神を観想し、来世の完全な幸福を願って生きることはできる。苦しい環境の中にあっても、人はお互いにいたわり合い、慈しみ合い、愛し合って生きることはできる。これこそ今日の世界に、ベネディクトゥスの生涯が示唆する偉大な教訓なのである。

ヌルシアのベネディクトゥス関係年譜

二八五年頃　砂漠のアントニウス、隠修士生活に入る。
三一三年　ミラノ勅令によるキリスト教公認。
三二〇年頃　パコミウス、タベンニシで共住修道院を創立。
三二五年　第一回ニカエア公会議、三位一体論についてアタナシウス派を正統とし、アリウス派を異端とする。
三四〇年　ガングラの教会会議が、聖職者の結婚を非難したり教会の典礼を無視する誤った禁欲主義を非難。
三五八―六四年　カエサレアのバシリウスが『修道戒律』を起草。
三八一年　第一回コンスタンティノポリス公会議、アタナシウス派の正統性を確認。
四八〇年頃　**ヌルシアのベネディクトゥス生まれる。**
五〇〇―二九年頃　**ローマに遊学するが、ここを去り、エフィデに移る。ついでスビアコで隠修士の生活を三年間過ごす。一時ヴィコヴァロの修道院長となるが、やめて後、十二の共住修道院をつくりその長となる。**
五二九年頃　**モンテ・カシーノ修道院創立。**
五二九年　ユスティニアヌス一世（在位五二七―五六五）アカデメイアを閉鎖。

五三〇年頃より　『戒律』を執筆。
五三七—三八年　カンパニアの大飢饉の時、窮民救済につくす。
五四二年　東ゴート王トティラ（在位五四一／二—五五二）と会見。
五四六年頃　カヌシウム司教と会見し、トティラのローマ市攻撃について預言する。
五五〇年頃　モンテ・カシーノで没。
五七七年　モンテ・カシーノ修道院、ランゴバルド族により掠奪され、破壊される。
五九三年頃　教皇グレゴリウス一世（在位五九〇—六〇四）ベネディクトゥスの伝記をふくむ『対話篇』を執筆。
五九五年　コルンバヌス（五四三頃—六一五）『修道士の戒律』を執筆。
五九六年　教皇グレゴリウス一世イングランドへ布教団を送る。
六六四年　ホイットビーの教会会議。
七世紀後半より　多くの修道院で『戒律』採用が増加。
七一八年　モンテ・カシーノ修道院再興。
七八七年　シャルルマーニュ、モンテ・カシーノを訪問。
八〇〇年　シャルルマーニュ、西ローマ皇帝に戴冠。
八一六—一七年　アーヘン教会会議。アニアヌのベネディクトゥスによる修道院改革。『修道院勅令』（*Capitulare monasticum*）、『戒律』を帝国の標準的修道戒律とする。
八八三年　モンテ・カシーノ修道院サラセン人により再び破壊。
八八六年　自筆の『戒律』写本焼失。

九―十世紀　ノルマン人とサラセン人の侵入。
社会不安により修道院生活は妨げられる。
『戒律』の優位はゆるがず。
十一―十二世紀　修道院文化の最盛期。

参考文献

ベネディクトゥス『戒律』の訳書

『戒律』　ファン・ストラーレン訳　（『平和の山――聖ベネディクトの精神』　エンデルレ書店　一九五六年所収）

『戒律』　古田暁訳　（上智大学中世思想研究所監修　『中世思想原典集成』第五巻　『後期ラテン教父』　平凡社　一九九三年所収）

『聖ベネディクトの戒律』　古田暁訳　すえもりブックス　二〇〇〇年

教皇グレゴリウス一世の『対話篇』第二巻の訳書

聖グレゴリオ大教皇　『対話――聖ベネディクトの生涯と奇蹟』　J・シュメールバッハ訳　中央出版社　一九五一年

グレゴリウス一世　『対話』　矢内義顕訳　（上智大学中世思想研究所監修　『中世思想原典集成』第五巻　『後期ラテン教父』　平凡社　一九九三年所収）

研究文献・単行本

上智大学中世思想研究所編　『聖ベネディクトゥスと修道院文化』　創文社　一九九八年

ファン・ストラーレン　『平和の山――聖ベネディクトの精神』　エンデルレ書店　一九五六年

研究文献・翻訳単行本

A・ギラルディ編『聖ベネディクト――西欧的修道院制の確立者』朝倉文市編訳　平凡社　一九七九年

W・ニッグ他編『聖ベネディクト』小林珍雄訳　エンデルレ書店　一九七九年

C・J・ネーミー『聖ベネディクトゥス――修道院生活』岳野慶作訳　中央出版社　一九八三年

W・デュ・ワール『神を探し求める――聖ベネディクトの戒律を生きる』シトー会西宮の聖母修道院訳　聖文社　一九九一年

研究文献・論文

糸永寅一「西欧修道制の起源と発展――イタリアとフランスを中心に」（糸永寅一他監修『ヨーロッパ・キリスト教史』第二巻「中世前期」中央出版社　一九七一年所収）

伊能哲大「精神と肉体――キリスト教伝統における聖ベネディクトゥス」（『明治大学大学院紀要』第十八集四・文学篇　一九八〇年所収）

小野泰博「初期修道院生活とレクティオ・ディヴィナ――ベネディクトとカシオドルスを中心に」（『図書館短期大学紀要』一四　一九七七年所収）

岸ちず子「史料紹介――修道戒律における労働、E・マルテーヌ、聖ベネディクトゥス　戒律註解（パリ一六九〇年）第四八章邦訳」一―四（『福岡女子短期大学紀要』二六〔一九八三年〕、二七〔一九八四年〕、二八〔一九八五年〕、二九〔一九八六年〕所収）

今野國雄「西ヨーロッパ修道制の発端――聖ベネディクトゥス会則の成立」（『西欧中世の社会と教会』岩波書店　一九七三年所収）

坂口昂吉「聖ベネディクトゥス修道規則における discretio の理念」（上智大学中世思想研究所編『聖ベネ

ディクトゥスと修道院文化』 創文社 一九九八年所収)
―――「ベネディクトゥスの会則」(上智大学中世思想研究所編『教育思想史』第二巻『古代キリスト教の教育思想』 東洋館出版社 一九八四年所収)
鈴木宣明「聖ベネディクトゥス修道霊性の歴史的体験」(上智大学中世思想研究所編『聖ベネディクトゥスと修道院文化』 創文社 一九九八年所収)
竹内正三「ベネディクト修道律」(『暗黒時代の精神史』 吉川弘文館 一九六九年所収)
竹内直良「コルンバアヌスとベネディクトゥス――中世修道院史におけるコルンバアヌスの地位」(『法政史学』一〇 一九五七年所収)
岳野慶作「聖ベネディクトゥスと人間形成の戒律」(『実存と恩寵――キリスト教的人間像の研究』 中央出版社 一九六五年所収)
野村良雄「聖ベネディクトゥスと神秘思想」(『カトリック研究』二三・一 一九四三年所収)
濱田青陵「スビヤコの僧院」(『思想』五 一九二二年所収)
ヒルデブランド・ヤイゼル「聖ベネディクトと典礼」(『カトリック研究』二四・三 一九四四年所収)
J・フィルハウス「ヌルシアの聖ベネディクトとその『規律』――その生誕千五百周年記念に当たり」(『カトリック研究』三七 一九八〇年所収)
徳田直宏「混淆戒律時代におけるベネディクトゥスの『戒律』」(上智大学中世思想研究所編『聖ベネディクトゥスと修道院文化』 創文社 一九九八年所収)
古田暁「聖ベネディクトゥスの戒律とアレイオス主義」(上智大学中世思想研究所編『聖ベネディクトゥスと修道院文化』 創文社 一九九八年所収)
宮下孝吉「聖ベネディクトの会則(Regula Sancti Benedicti)について」(神戸大学『経済学研究』八

一九六一年所収）

矢内義顕「聖ベネディクトゥスの『戒律』——中世キリスト教社会の健康指針」（『医学哲学・医学倫理』三一九八五年所収）

——「祈れ、そして働け（Ora et Labora）——ベネディクトゥスの『戒律』四八章」（神田外語大学『体育・スポーツ論集』一九八九年所収）

——「聖ベネディクトゥスの『戒律』とその霊性」（上智大学中世思想研究所編『中世の修道制』創文社 一九九一年所収）

——「病気の修友について——ベネディクトゥスの『戒律』三六章」（『改革派神学』二二 一九九一年所収）

鷲田哲夫「ベネディクト会修道院における学校・図書館・書写室の活動について」（『早稲田大学大学院文学研究科紀要』一六 一九七〇年所収）

和田武夫「聖ベネディクト修院長」（『宗教』一九三二年所収）

（註記）この邦文文献表作成にあたっては、上智大学中世思想研究所編『聖ベネディクトゥスと修道院文化』創文社、一九九八年の巻末にある文献表を参照させて頂いた。

聖ベネディクトゥス『戒律』の刊行史料

Adalbert de Vogüé et Jean Neufville, *La Règle de saint Benoît,* 1–6 (*Sources chrétiennes* 181–186), Paris, 1971–1972.（註記）本書の第七巻が、上記叢書外で、一九七七年、同所より刊行されている。

Basilius Steidle, *Die Benediktus Regel, Lateinisch-Deutsch,* Beuron, 1977.

Timothy Fry, *The Rule of St. Benedict,* Minnesota, 1981.

Rudolphus Hanslik, *Benedicti Regula* (*Corpus Scriptorum Ecclesiasticorum Latinorum* 75), Wien, 1977.

教皇グレゴリウス1世の『対話篇』の刊行史料

Adalbert de Vogüé et Paul Antin, *Gregoire le Grand, Dialogues,* 1–3 (*Sources chrétiennes* 251, 260, 265), Paris, 1978–1980.

Umberto Moricca, *Gregorii Magni Dialogi,* Roma, 1924.

欧文参考文献

G. Aulinger, *Das Humanum in der Regel Benedikts von Nursia,* St. Ottilien, 1950.

H. S. Brechter（Hg.）, *Benediktus der Vater des Abendlandes,* München, 1947.

J. Chapman, *St. Benedict and the Sixth Century,* London, 1929.

A. Génestout, *La Règle du Maître et la Règle de saint Benoît,* in: *Revue d'ascétique et de mystique,* XXI, 1940.

H. Grünewald, *Die pädagogischen Grundsätze der Benediktinerregel,* München, 1939.

P. B. Kälin, *Zur Philosophie der Benediktiner-Regel,* Sarnen, 1929.

M. L. W. Laistner, *Thought and Letters in Western Europe,* New York, 1955.

J. McCann, *Saint Benedict,* London, 1937.

Ph. Schmitz, *Histoire de l'ordre de st. Benoît,* 7.vols., Maredsous, 1942–1956.

I. C. Schuster, (tr. by L. J. Doyle), *Historical Notes on St. Benedict's "Rule for Monks",* Connecticut, 1962.

M. A. Scroll, *Benedictine Monasticism,* New York, 1967.

B. Steidle, *Die Regel St. Benedikts,* Beuron, 1952.

A. de Vogüé, *La Règle du Maître,* 1-3 (*Sources chrétiennes* 105-107), Paris, 1964-1965

H. Workman, *The Evolution of the Monastic Ideal from the Earliest Times to the Coming of the Friars,* London, 1913; rpt. Boston, 1962.

あとがき

若くして学問への道を志してから、たいして年を経たとも思えぬのに、いつしか古希を過ぎる年頃になってしまった。まさに「光陰矢の如し」である。これまで何をしてきたのであろう、と悔やまれる昨今である。それはともかく、私の貧しい業績の中には、二つの中心があった。第一は中世から近代への曙光となった、アシジの聖フランシスコとその弟子たちに関するものである。そしてこれについては、幸い多少まとまった著述も発表することができた。また第二は、夕日の如く沈みゆく古代ローマ末の世界にあって、中世への燈火をかかげた聖ベネディクトゥスに関わるものである。これについては、二、三の論文を発表したほか、何ものにしえなかった。その意味で、今回本書を刊行できるのはたいへん嬉しい。

本書は、もともと九州大学名誉教授の稲垣良典先生のご慫慂によって書かれたものである。私に機会を与えてくださったことに感謝する。本書作成にあたっては、上智大学教授で同大学中世思想研究所長のクラウス・リーゼンフーバー神父に温かいご指導を頂いた。また同研究所の元職員（現カトリック中央協議会研究員）の岩本潤一氏に種々お世話になった。両氏に厚く謝意を表したい。なお、原稿を精読され、カバーに美しい絵を描いてくださった佐藤正敏氏に、深く感謝を捧げる。

本書の刊行を快く引き受けてくださった南窓社の岸村正路社長にお礼を申し上げる。また校正はもとより、完成稿作成に関してまで大きな助力を与えられた同社の松本訓子氏に深く感謝する。なお本日は、奇しくも南窓社創立四十周年記念日にあたる。活字ばなれと読書の衰退という危機的事情の中で、数々の名著を発行し続けてこられた南窓社の方々に、心からの祝辞を申し述べると共に、同社の将来のさらなる発展のために声援を送りたい。

二〇〇三年六月十八日

坂口昂吉

ヨウィニアヌス　28-29, 108
ヨーゼフ２世帝　238
ヨハネ（洗礼者）　72
ヨハネ，ヴァンディエールの　221
ヨハネス・グアルベルトゥス　225

ラ　行

ラウレンティウス　36-37
ランフランクス　221
リキエー　207
リキニウス帝　19
リゴマール　184
リシャール，サン・ヴァンの　221
リッゴ　94
リベリウス　86
ルイス・バルボ　235
ルイ敬虔王　189, 216-218
ルフィヌス　105, 229
レオ１世（教皇）　32
レオボドゥス　184
レギンベルト　190
ロベルトゥス，アルブリッセルの　225
ロベルトゥス，モレームの　226
ロマヌス　54-56
ロムアルドゥス　225
ロムルス・アウグストゥルス帝　32

230
ファウストゥス，リエの　124
フィニアン　202
フィリベール　206
フエストゥス　36
プラキドゥス　60-62, 71
プラトン　49, 127-128, 142-144
フランシスコ，アシジの　70, 157
フリードリヒ１世帝（バルバロッサの）230
プルタルコス　45
ブルノー　225
フレデリック　117
ブレンダン　202
プロコピウス　95
フロスヴィタ　230
プロスペル・ゲランジェ　239
プロティヌス　16
フロレンティウス　64-66, 68
ヘーゲル　85
ベーダ・ウェネラビリス　80-81, 212
ペトルス・ウェネラビリス　231
ペトルス・ダミアニ　225
ペトロ（使徒）32, 159
ペトロナックス，ブレシアの　177-178, 189
ベネディクト・ビスコップ　211-212
ベネディクトゥス，アニアヌの　188-189, 216-218, 220
ベネディクトゥス12世（教皇）235
ベネディクトゥス13世（教皇）240
ベリサリウス　39-41
ベルナルドゥス，クレルヴォーの　70, 111-112, 157, 226-227, 231
ベルナルドゥス・トロメイ　234
ベルノー　220
ペレグリヌス　91
ホイヴェルス，ヘルマン　175
ポイメン　150-151
ボエティウス　34, 37-38, 49
ボニファティウス（ウィンフリス）81, 212-213, 229
ホノラトゥス　46
ポムペイアヌス　63
ホルシエシ　158-160
ポルフュリウス　16, 49

マ　行

マウルス　60-63, 65
マカリウス・マグヌス　28, 105
マキャヴェリ　136
マルクス，モンテ・カシーノの　70-71
マルクス・アウレリウス帝　13
マルティヌス　85
マルティヌス，トゥールの　28, 72, 107
ムムモルス　184
メド　186
メヒティルド　230
メラニア　229

ヤ　行

ユーグ（＝フーゴー）220
ユスティニアヌス帝　34, 39, 41, 93
ユスティヌス帝　37

ザラ　92-93
サルスティウス　132
ジェネトゥ，オーギュスタン　104, 193-194
ジェラール　221
シメオン　26-27
シャルルマーニュ（カール大帝）　189, 215-217
ジャン，フェガンの　231
ジャン・マビヨン　180
シリキウス（教皇）　29
シルウェステル・ゴツォリーニ　234
シルウェステル・プリエリアス　165
シンマクス　36-37
スエトニウス　45
スコラスティカ　47, 101-103, 177, 179, 181-184, 229
スピノザ　85
スペツィオスス　99-100
ゼノン帝　33, 37
セルウァンドゥス　86-87
セルトリウス　45
ソクラテス　144
ソロン　144

タ　行

ダヴィド　202
ダンスタン　221
ツキジデス　241
ディオクレティアヌス帝　78
テオダハド王　38-39
テオドルス　212
テオドリック王　33-38, 42, 48
テオプロプス　101
デキウス帝　17
テルトゥルス　60, 71
テレマクス　14
テレンティウス　230
トット　190
トティラ王　30, 40-42, 92-95
ドナトゥス　208
トマス・アクィナス　166, 176
ドミニコ　70

ナ　行

ナルセス　39, 41
ニルス，アンキラの　27
ネロ帝　52
ノルベルトゥス　232

ハ　行

パウラ　229
パウルス　17
パウルス・ディアコヌス　179-180, 186, 197
パウロ（使徒）　148-149, 153
パコミウス　18, 20-23, 25, 59, 67, 105, 115, 126, 131, 158, 160, 229
バシリウス　18, 22-25, 105, 123, 126, 131, 134, 160, 204, 229
ハドリアヌス　212
パトリック　201
パラエモン　20
ハルディングス　226-227
ピエール，セルの　231
ヒエロニムス　17, 28-29, 31, 131, 204, 229
ピピン　178, 186
ヒルダ，ホイットビーの　229
ヒルデガルト，ビンゲンの　166,

エウァグリウス・ポンティクス 27
エウスタティウス 26
エウタリック 38
エウティキウス 60
エセルウォルド 221
エセルベルト王 210
エッディウス 211
エルルアン 221
エンダ 202
エンノディウス 34, 49
オーエン 206
オスウィン王 210
オズワルド 221
オドアケル 33-34, 42
オドー 220-221
オプタトゥス 178

カ 行

ガイセリック王 32, 48
カエサリウス 28, 105, 125, 160, 168, 208
カシアヌス 28, 105, 107, 125, 131, 134, 152-153, 155, 195, 204
カッシオドルス 34, 48, 76, 131-132
カルロマン 178
キアラン 202
キケロ 48
ギボン，エドワード 11
ギュイ1世 231
ギュイ2世 231
ギヨーム，アキテーヌ公 220
ギヨーム，ウォルピアーノの 221
ギヨーム，サン・ティエリの 231
ギヨーム・ド・シャンポー 232
ギルダス 202
グイゴ 226
クラウディウス帝 52
グリマルト 190
クレオブーロス 144
グレゴリウス 99-100
グレゴリウス，ナジアンズスの 23
グレゴリウス，ニュッサの 27
グレゴリウス1世（マグヌス）（教皇） 30, 42, 44, 46, 51, 55-56, 59-60, 72, 82, 87, 91, 105, 122, 141, 166, 184, 197-198, 207, 209-210, 229
グレゴリウス2世（教皇） 213
グレゴリウス7世（教皇） 219-220
ゲルトルート 230
ゲルマヌス 201
ケレスティヌス5世（ペトルス・モローネ）（教皇） 234
ゴドフロワ，ロレーヌ大公 117
コムガル 203
コルンバ（コルムキル） 202-203
コルンバヌス 173, 203-209, 214
コンスタンティウス 208
コンスタンティヌス帝 13, 19
コンモドゥス帝 13

サ 行

ザカリアス（教皇） 178, 180, 186, 189, 198
サビヌス 95
サフィラ 79

人名索引

ア　行

アイグルフス　184-185
アイダン　202
アウグスティヌス　8-9, 12-14, 28, 31, 105, 118, 129, 132, 160
アウグスティヌス，カンタベリーの　80, 209
アウグストゥス帝　45
アエルレドゥス，リーヴォーの　231
アカキウス　37
アガピトゥス　97-98
アキラス　151
アタナシウス　18, 25, 28, 150
アタラリック王　38
アダルベルトゥス　183-185
アッティラ王　32
アドレウァルドゥス　183, 186
アナスタシウス２世（教皇）　36
アナニア　79
アマラスンタ　38
アマンドゥス　206
アラリック王　31, 48
アリストテレス　49, 127, 143-144
アリュピウス　13-14
アルベリクス　226
アルボイン王　41
アルマン・ジャン・デ・ランセ　238
アンセルムス　221
アントニウス　45
アントニウス（修道制の創始者）　18-23, 51, 53, 56, 59, 67, 105, 150
アントニヌス，フィレンツェの　166
アンブロシウス　28-29, 118, 129
イグナティウス・デ・ロヨラ　237
イルティド　201-202
インノケンティウス３世（教皇）　235
ウァレンス帝　25
ウアルデベルト　208
ウァレンティニアヌス　89
ウァレンティニアヌス１世帝　50
ウァンドリル　206
ウィギランティウス　29, 108
ウィタリアヌス（教皇）　212
ウィティギス王　39-40, 42
ウィリブロード　213
ウィルフリッド，ヨークの　211-212
ウィルヘルム，ヒルサウの　222
ウィンフリス→ボニファティウス
ウェナンティウス・フォルトゥナトゥス　35
ウェネランドゥス　208
ウェルギリウス　45, 48
ヴォルター，プラキドゥス　239
ヴォルター，マウルス　239
ウルバヌス２世（教皇）　226

坂口昂吉（さかぐち　こうきち）

1931年生まれ。
慶応義塾大学名誉教授　文学博士（中世教会史専攻）
著書　『中世の人間観と歴史』（創文社）
　　　『中世キリスト教文化紀行』（南窓社）
訳書　『フランシスコ会学派』（「中世思想原典集成」第11巻、
　　　平凡社）（監訳）
　　　ブールダッハ　『宗教改革・ルネサンス・人文主義』
　　　（創文社）
　　　デットロッフ　『中世ヨーロッパ神学』（南窓社）

二〇〇三年七月十五日　第一刷発行

聖ベネディクトゥス
――危機に立つ教師――

©著書　坂口昂吉

発行者　岸村正路

発行所　株式会社南窓社
東京都千代田区西神田二丁目四番六号
電話　〇三―三二六一―七六一七
振替　〇〇一一〇―〇―九六三六二
e-mail　nanso@nn.iij4u.or.jp

ISBN 4-8165-0311-0

坂口昂吉著

中世キリスト教文化紀行

——ヨーロッパ文化の源流をもとめて——

中世教会史の深い森をのびやかに散策し、信仰の鮮烈な原型をいきいきと描き出す。
文明の危機の様相を呈する現代、キリスト教という原点に立ち返り、歴史を深く省察する。

修道制の起源—砂漠の聖アントニウス／殉教者—聖ペルペトゥアと聖フェリシテ／聖ベネディクトゥス／聖ベルナルドゥス／十二世紀ルネサンスの遺産—聖アンセルムス／動物と謙遜—聖アウグスティヌス／従順のみによって—聖イグナティウス・デ・ロヨラ／死者と生者—聖トマス・アクィナス／クリスマスと聖人—アシジの聖フランシスコ　ほか

四六判　一九二頁　本体一九四〇円

アッシジの聖フランシス

下村寅太郎著

「アッシジの聖フランシス」は誰にも親しい名前である。『小さき花』や『完全の鏡』を通して、われわれの心に自ら結晶する聖者の面影は限りなく感動的で、牧歌的な美しさに満ち満ちている。著者は数年にわたり、最古の伝記チェラノのトマスの三部作にまで遡って資料を渉猟し、哲学者の眼と詩人の心をもって、聖者の歩んだ極めて厳しい生涯と経験に、新鮮にして透徹した省察を試みた、感動の書。わが国最初の学究的フランシス論。

Ａ五判　三一四頁　本体三五〇〇円

公会議史 ―キリスト教歴史双書 1―	H・イェディン著 梅津・出崎訳	教会史研究の第一人者が深い造詣に基づき、二千年のキリスト教会の歴史の中で公会議が果たした役割と将来への展望をダイナミックに捉えた公会議の完全な歴史。	A五判 6800円
トマス・アクィナス研究 ―キリスト教歴史双書 13―	沢田和夫	中世における偉大な体系的キリスト教文化を創造したトマス・アクィナスの学問的態度、社会性、認識、実在、信仰などその思想、哲学の本格研究。	A五判 3800円
聖大バシレイオスの『聖霊論』 ―キリスト教歴史双書 16―	山村敬訳	聖霊の神性をめぐる論議はニカイア公会議後の思想的混乱の唯中で生じた。三位一体理解に正しい方位を与える本書の努力は第二普遍公会議の信条に結実する。	A五判 3689円
ホプキンズのキリスト教	木鎌安雄	没後の詩集出版により、ヴィクトリア朝を代表する詩人としての評価を得たホプキンズはイエズス会司祭でもあった。本書はホプキンズの霊性、信仰の本質を考察する。	A五判 4660円
ヨゼフ・ロゲンドルフ一巻選集	別宮貞徳編	西欧の精神的伝統の最良の体現者として、東西文化の懸橋として日本の知識人層に深い影響を与えた師の、鋭い眼識と活発な才気にみちた文明論・比較文学論を集成。	A五判 5500円
キリスト教入門 ―神の恵みの福音―	P・ネメシェギ	キリスト教の根本思想を平明簡潔、詩情豊かに綴り、波瀾にみちた現代世界のなかでのキリスト者の指針を示す現代人のための世評高い入門書。	四六判 2500円
修道院の窓から	浜口吉隆	松下佐吉神父との摂理的な出会いへの感謝、わが子六人を司祭・修道者に捧げた父と母の思い出。いま修道院の窓を開けて語る命と信仰の物語。	四六判 1800円
人生の風景	巽豊彦	キリスト教の教えにたつ人生の諸相を語る。長く英文学とキリスト教に親しんできた人だけにこの二つが基礎となった滋味あふれるエッセイ（京都新聞評）。	四六判 2427円
改訂新版 第三の人生 ―あなたも老人になる―	A・デーケン著 松本たま訳	孤独や死への恐怖をのりこえ、人間共通の運命である老年を、稔り豊かに生きるための優れた指導書。世界各国で反響を呼んだベストセラーの日本語版。	四六判 970円
愛する	W・ジョンストン著 巽豊彦監訳		近刊

聖ベネディクト女子修道院